studio d B1

Deutsch als Fremdsprache

Sprachtraining

von
Rita Maria Niemann

Cornelsen

studio d B1
Deutsch als Fremdsprache
Sprachtraining

Herausgegeben von Hermann Funk

Im Auftrag des Verlages erarbeitet von Rita Maria Niemann
unter beratender Mitwirkung von Silke Demme, Hermann Funk,
Christina Kuhn und Britta Winzer

In Zusammenarbeit mit der Redaktion:
Andrea Finster (verantwortliche Redakteurin) und Dagmar Garve sowie Maria Funk
Nicole Abt (Bildredaktion)
Gunther Weimann (Projektleitung)

Illustrationen: Andreas Terglane
Layout und technische Umsetzung: Satzinform, Berlin
Umschlaggestaltung: Klein & Halm Grafikdesign, Berlin

Das Lehrwerk **studio d** erscheint in zwei Ausgaben: einer dreibändigen und einer fünfbändigen. Zu jedem Band gibt es ein Sprachtraining. Diese Ausgabe bietet Ihnen zusätzliches Übungsmaterial zu den Einheiten des B1-Bandes. **studio d** orientiert sich eng an den Niveaustufen des Gemeinsamen europäischen Referenzrahmens. Band 1 und 2 führen zur Niveaustufe A1, Band 3 und 4 zu A2 und der fünfte Band (identisch mit dem dritten Band der dreibändigen Ausgabe) führt Sie zum Zertifikat Deutsch.

Weitere Kursmaterialien:
Kurs- und Übungsbuch ISBN 978-3-464-20719-2
Audio-CDs ISBN 978-3-464-20724-6
Vokabeltaschenbuch ISBN 978-3-464-20721-5
Video-DVD mit Übungsbooklet ISBN 978-464-20817-5
Unterrichtsvorbereitung (Print) ISBN 978-3-464-20735-2
Unterrichtsvorbereitung interaktiv ISBN 978-3-464-20750-5

www.cornelsen.de

1. Auflage, 8. Druck 2014

Alle Drucke dieser Auflage sind inhaltlich unverändert und können im Unterricht nebeneinander verwendet werden.

Druck: Himmer AG, Augsburg

ISBN 978-3-464-20720-8

PEFC/04-31-1549

PEFC zertifiziert
Dieses Produkt stammt aus nachhaltig bewirtschafteten Wäldern und kontrollierten Quellen.
www.pefc.de

Inhalt

4 **1 Zeitpunkte**

10 **2 Alltag**

16 **3 Männer – Frauen – Paare**

22 **4 Deutschlands größte Stadt**

28 **5 Schule und lernen**

34 **Leben in Deutschland 1**

38 **6 Klima und Umwelt**

44 **7 Peinlich? – Peinlich!**

50 **8 Generationen**

56 **9 Migration**

62 **10 Europa: Politik und mehr**

68 **Leben in Deutschland 2**

1 Zeitpunkte

1 Nicht vergessen! Wiederholen Sie Uhrzeit und Datum. Tragen Sie die Termine in der offiziellen Zeitform in den Kalender ein.

Sabine kommt am Montag um halb vier zum Kaffee.

Das Orgelkonzert ist am Freitag um sechs in der Ludgerikirche.

Wichtig! Am einundzwanzigsten morgens um acht die Mülltonne an die Straße stellen!

Dienstagabend um Viertel nach zehn den Krimi im ZDF auf Video aufnehmen!

Sonntag, zehn vor drei Uhr, Florian am Flughafen abholen. Anschließend mit Inka Eis essen.

Am vierundzwanzigsten um halb zehn Frühstück bei Roland.

Am zweiundzwanzigsten Termin um fünf mit Fitnesstrainer im „Work out".

Montag 19. Mai	Dienstag 20. Mai	Mittwoch 21. Mai	Donnerstag 22. Mai	Freitag 23. Mai	Samstag 24. Mai	Sonntag 25. Mai
			17 Uhr Fitnesstrainer „Work out"			

2 Zeitwörter. Wie heißt das Gegenteil? Ordnen Sie die Buchstaben und schreiben Sie die Wörter.

1. Freizeit (IEFRZEIT) ≠ .... (BAREISTZEIT)
2. .... (GERNEZEIT) ≠ .... (RTOCEKNZEIT)
3. .... (LUHCSZEIT) ≠ .... (NFERIEZEIT)
4. .... (LIETZEIT) ≠ .... (LOVLZEIT)
5. .... (OMSMERZEIT) ≠ .... (TERNIWZEIT)
6. .... (FFNNGUSÖZEIT) ≠ .... (SHSSCIELZEIT)

3 Zeitangaben machen

a) Tragen Sie die Zeitangaben *manchmal, nie, oft, immer* und *selten* auf der Skala ein.

immer ....

b) Wie oft? Schreiben Sie Sätze ins Heft. Benutzen Sie die Zeitangaben aus Aufgabe a).

ins Kino gehen – fernsehen – spazieren gehen – schwimmen – Vokabeln lernen – Briefe schreiben – Zeitung lesen – mit dem Handy telefonieren – für meine Mitbewohner kochen – …

Ich gehe oft spazieren. Manchmal …

4 Sparen moderne Technologien Zeit? **Lesen Sie den Text. Zu welchen Sätzen im Text passen diese Aussagen? Geben Sie die Zeilennummer(n) an.**

	Zeile(n)
1. Ein Einkauf im Supermarkt dauert doppelt so lange wie ein Einkauf im traditionellen Lebensmittelgeschäft in der Nachbarschaft.	....
2. Der Gebrauch von Computern, Telefonen und Maschinen führt nicht zu mehr Freizeit.	....
3. Viele Dinge in unserem täglichen Leben sind heute durch technische Geräte viel bequemer als früher.	....
4. Wir haben mehr Freizeit, weil wir zum Beispiel bei den Mahlzeiten Zeit sparen.	....
5. Unsere Freizeit ist nur etwas mehr als eine halbe Stunde länger als früher.	....
6. Vor über 40 Jahren verbrachten die Menschen im Jahr 365 Stunden weniger mit Hausarbeit als heute.	....

Waschmaschine und Spülmaschine nehmen uns jede Menge Arbeit ab. Viele meinen, mit technischen Geräten kann man jede Menge Zeit sparen. Aber haben wir wirklich mehr Freizeit als unsere Eltern oder Großeltern in den 60er Jahren? Eine Untersuchung zum Zeitmanagement der Europäer kam zu dem Ergebnis, dass wir auch mit den vielen neuen technischen Geräten in den letzten 40 Jahren nur 38 Minuten an freier Zeit gewonnen haben. Wo bleibt also die ganze gesparte Zeit?

Sehen wir uns zuerst die wöchentliche Arbeitszeit an. Die liegt in Deutschland zwischen 35 und 40 Stunden. So steht es auf dem Papier, aber in Wirklichkeit arbeiten die meisten Menschen länger – statistisch gesehen 44,8 Stunden pro Woche. 1965 waren es fast drei Stunden pro Woche weniger.

Dann die modernen Verkehrsmittel. Mit ihnen können wir heute schnell von einem Ort zum anderen fahren. Leider sind die Wege zur Schule, Arbeit und zum Einkaufszentrum oft viel länger als früher. Sogar das Einkaufen im modernen Supermarkt kostet uns mehr Zeit als 1965 ein Einkauf im Tante-Emma-Laden um die Ecke. Was früher 10 Minuten dauerte, dauert heute 20 Minuten.

Und auch die High-Tech-Helfer im Haushalt sparen uns keine Zeit. Denn heute putzt, wäscht und bügelt man durchschnittlich pro Tag eine Stunde länger als 1965. Warum? Wir haben heute andere Vorstellungen von Sauberkeit und unsere Kleidung landet meistens schon nach einem Tag in der Wäsche.

Statistisch gesehen haben wir heute wirklich täglich 38 Minuten mehr Freizeit. Aber wo kommt diese Zeit her? Die Antwort ist einfach und hat mit Technik nichts zu tun: Die heutige Generation isst schneller und schläft weniger.

5 Endlich Samstag. Zeit zum ... Ergänzen Sie die Verben wie im Beispiel.

Samstagmorgen, sechs Uhr. Ich liege noch im Bett und denke nach, was ich heute machen könnte.

faul sein – frühstücken – aufräumen – joggen – kochen – telefonieren – ~~ausschlafen~~ – lesen

1. Jetzt hätte ich *Zeit zum Ausschlafen*, aber ich bin hellwach.
2. Ich hätte heute mal .... mit Tom, aber der ist in Bonn.
3. Ich hätte ...., aber leider sind meine Laufschuhe kaputt.
4. Jetzt hätte ich ...., aber das hat Eva schon gemacht.
5. Ich hätte ...., aber meine Freunde schlafen sicher noch.
6. Ich hätte auch ...., aber mein Kühlschrank ist leer.
7. Ich hätte viel ...., aber ich habe kein interessantes Buch.
8. Ich glaube, ich bleibe einfach noch im Bett! Heute habe ich

   ....!

6 Nebensätze mit *während.* Schreiben Sie Sätze.

Morgens muss bei mir alles schnell gehen. Ich mache immer zwei Sachen gleichzeitig:

1. Ich bin im Bad und mein Teewasser kocht.
   Während ich im Bad bin, kocht mein Teewasser.
2. Ich dusche mich und putze mir die Zähne.
   Während ....
3. Ich lese die Zeitung und frühstücke.
   Ich ....
4. Ich höre die Verkehrsnachrichten im Radio und ziehe mich an.
   Ich ....
5. Ich gehe aus dem Haus und sehe auf die Uhr.
   Während ....
6. Ich denke an meine Termine und fahre zur Arbeit.
   Ich ....

7 Wie gut kennen Sie die deutsche Geschichte?

a) Lesen Sie die Überschriften und ordnen Sie die Daten zu.

a) John F. Kennedy: „Ich bin ein Berliner." ☐

b) Das Wunder von Bern. Deutschland gewinnt die Fußballweltmeisterschaft ☐

c) Der Zweite Weltkrieg beginnt ☐

d) Die Mauer fällt ☐

e) Die Regierung der DDR baut eine Mauer durch Berlin 1

f) Nationalsozialisten übernehmen die Macht ☐

g) Deutschland ist wiedervereinigt ☐

h) Zweiter Weltkrieg endlich zu Ende ☐

i) Angela Merkel wird erste deutsche Kanzlerin ☐

b) Formulieren Sie passende Fragen im Präteritum.

1. Wann baute die Regierung der DDR eine Mauer durch Berlin? Am 13. August 1961.
2. .... Am 9. November 1989.
3. .... Am 1. September 1939.
4. .... Am 8. Mai 1945.
5. .... Am 18. September 2005.
6. .... Am 4. Juli 1954.
7. .... Am 26. Juni 1963.
8. .... Am 30. Januar 1933.
9. .... Am 3. Oktober 1990.

8 Präteritum

a) Ergänzen Sie die Verbformen im Präteritum.

Grammatik

	3. Person Sg.		3. Person Sg.
kommen	kam	nehmen	nahm
fangen	....	gehen	....
kochen	....	mögen	....
singen	....	springen	....
wollen	....	sollen	....
wissen	....	müssen	....
bringen	....	lachen	....

b) Schreiben Sie das Gedicht in Ihrem Heft weiter.

Als 2004 der Zirkus in die Stadt kam,
als ich den Zug nach Heidelberg nahm,
als …,
…,
war ich glücklich.

9 Text-Puzzle: „Der Mann, der nie zu spät kam"

a) Ergänzen Sie die unregelmäßigen Verben im Präteritum.

a) bringen – geben – trinken – kommen

■ Weil Wilfried 25 Jahre lang nie zu spät zur Arbeit ....[1], veranstaltete sein Chef nach Dienstschluss eine Feier für ihn. Er öffnete eine Flasche Sekt und ....[2] Wilfried eine Urkunde. Wilfried ....[3] sonst nie Alkohol. Nach drei Gläsern Sekt ....[4] zwei Arbeitskollegen den völlig betrunkenen Wilfried nach Hause und legten ihn ins Bett.

b) verstehen – aufstehen – finden

■ Er wartete einen Moment, aber nichts passierte. Und weil er immer noch lebte, ... er ....[5], kletterte auf den Bahnsteig zurück und suchte einen Bahnbeamten. Als er ihn endlich ....[6], fragte er ihn: „Der 9-Uhr-16! Was ist mit dem 9-Uhr-16-Zug?" „Der hat sieben Minuten Verspätung", sagte der Beamte und lächelte freundlich. „Verspätung", wiederholte Wilfried und ....[7].

c) sein – gehen – rennen – heißen – tun – stehen – kommen

1 Ich will von einem Mann erzählen, der immer sehr pünktlich ....[8]. Er ....[9] Wilfried Kalk und ....[10] in seinem ganzen Leben nie zu spät. Schon als Kind wachte er immer vor dem Weckerklingeln auf, und wenn der Hausmeister am Morgen müde über den Schulhof ....[11] und das große Schultor aufschließen wollte, ...[12] Wilfried schon davor. Andere Kinder spielten nach der Schule Fußball. Das ....[13] Wilfried nie. Er ....[14] sofort nach Hause, denn er wollte nicht zu spät zum Essen kommen.

d) kommen – stehen – fahren – gefallen – nehmen

■ Später arbeitete Wilfried in einem großen Büro in der Nachbarstadt. Er ....[15] mit dem Zug zur Arbeit. Trotzdem ....[16] er nie zu spät. Er ....[17] den frühesten Zug und ....[18] immer zwanzig Minuten vor der Abfahrt auf dem richtigen Bahnsteig. Dem Chef ....[19] das natürlich sehr, aber die Arbeitskollegen sagten oft zu Wilfried: „Kannst du nicht wenigstens einmal zu spät kommen?" Aber Wilfried schüttelte den Kopf und sagte: „Ich sehe nicht ein, welchen Vorteil das bringen soll. Ich bin mein ganzes Leben lang pünktlich gewesen."

e) springen – treten – wissen – laufen – scheinen – sitzen

■ Am nächsten Morgen erwachte er erst, als ihm die Sonne ins Gesicht ....[20]. Entsetzt ....[21] er aus dem Bett und ....[22] zum Bahnhof. Die Bahnhofsuhr zeigte 9 Uhr 15. Viertel nach neun, und er ....[23] noch nicht hinter seinem Schreibtisch! In seiner Eile stolperte er auf dem Bahnsteig über einen Koffer, ...[24] ins Leere und stürzte auf die Schienen. Noch während des Sturzes ....[25] er: Alles ist aus. Dies ist der Bahnsteig 4, also fährt hier in diesem Augenblick der 9-Uhr-16-Zug ein, Zugnummer 1072, planmäßige Weiterfahrt 9 Uhr 21. Ich bin tot!

b) Ordnen Sie den Text.

c) Lesen Sie nun das Ende der Geschichte. Was verstand Wilfried Kalk? Kreuzen Sie an.

An diesem Tag ging Wilfried überhaupt nicht ins Büro. Am nächsten Morgen kam er erst um zehn Uhr und am Tag danach um halb zwölf. „Sind Sie krank, Herr Kalk?" fragte der Chef erstaunt. „Nein", sagte Wilfried. „Ich habe nur gelernt, dass Verspätungen auch von Vorteil sein können."

1. ■ Seine Kollegen mochten ihn nicht, weil er immer pünktlich war.
2. ■ Er hatte keine Zeit zum Leben.
3. ■ Die Unpünktlichkeit des Zuges rettete ihm das Leben.
4. ■ Man kann sich auf die Abfahrtszeiten der Bahn nicht verlassen.
5. ■ Es ist viel schöner, wenn man morgens ausschlafen kann.

10 Was passt zusammen? Ordnen Sie zu.

Ich kann nicht alles gleichzeitig machen. 1
Ich finde, dass Sie zu langsam arbeiten. 2
Wir müssen ab Juni 200 Euro mehr Miete zahlen. 3
Der Urlaub war toll, aber leider zu kurz. 4
In einem Jahr hast du sie sicher schon vergessen. 5
Ich war gestern endlich beim Zahnarzt. 6
Früher war das nicht erlaubt! 7

a Die Zeiten ändern sich.
b Ach, du liebe Zeit!
c Das war auch höchste Zeit!
d Alles zu seiner Zeit.
e Die Zeit verging wie im Flug.
f Zeit ist Geld.
g Die Zeit heilt alle Wunden.

11 Was ist das? Können Sie das Rätsel lösen? Ergänzen Sie.

Wir wissen nicht, woher sie kommt und wohin sie geht. Manchmal ist sie weit weg und manchmal nah, aber sie ist immer da. Niemand weiß, wann sie begann und wann sie endet. Alle haben sie, doch manche sagen, dass sie keine haben. Man kann sie jemandem stehlen, aber man kann sie nicht zurückgeben, kaufen oder verschenken. Man kann sie weder schmecken noch sehen oder hören, aber fühlen. Wir messen sie, aber wir können sie nicht zählen. An manche erinnern wir uns gerne und manchmal vergessen wir sie auch.

Das ist ....

2 Alltag

1 **Warum steht man im Supermarkt immer in der falschen Schlange?**

a) Lesen Sie den Text. Was ist das Thema? Finden Sie ein passendes Wort.

Vorsicht Schlange!

Solange ich denken kann, warte ich im Supermarkt immer in der längsten Schlange. Wenn ich die Schlange wechsele, geht es in der alten Schlange plötzlich schneller. Die Frau mit dem Hut zum Beispiel, die hinter mir stand. Als ich an meiner neuen Kasse endlich bezahle, sitzt sie

schon mit ihren Einkäufen im Auto. Manchmal glaube ich, dass jede Warteschlange durch mich langsamer wird. Meinen Freundinnen geht es auch so. Kennen Sie vielleicht jemanden, der immer an der richtigen Kasse steht? Es kann doch nicht sein, dass jeder jedes Mal in der langsamsten Schlange steht!

Experten wissen, dass warten nicht gleich warten ist. Beim normalen Einkauf machen wir uns in Gedanken keine Notizen. Wir schauen uns um, sehen uns die Sonderangebote oder die anderen Kunden an der Kasse an. Wenn es schnell geht, denkt man meistens gar nicht an die Wartezeit. Deshalb können wir uns an diese Situation auch nicht erinnern, denn unser Gedächtnis ist selektiv, es wählt aus. So erinnern wir uns später auch nur an bestimmte oder besondere Situationen. Wenn ich Sie zum Beispiel frage, was Sie am 11. September 2001 gemacht haben, dann können Sie mir wahrscheinlich eine ziemlich genaue Antwort geben. Aber wissen Sie auch noch, was Sie am 10. September 2001 gemacht haben? Ich weiß es nicht mehr.

Wir brauchen Erinnerungen, um Entscheidungen für die Zukunft treffen zu können. Leider ist unser Gedächtnis aber nicht perfekt. Unser Gehirn macht aus den seltenen, besonderen Ereignissen unsere Erinnerung. Diese Erinnerung stimmt aber manchmal gar nicht, weil wir uns nur diese eine Situation merken. Bei der Schlange im Supermarkt ist das zum Beispiel so. Wenn uns auffällt, dass wir in der längsten Schlange stehen, erinnern wir uns, dass wir an anderen Tagen auch schon in der langsamsten Schlange gestanden haben. Wir meinen, dass uns das immer passiert.

Unsere Erinnerung hilft uns in solchen Situationen kein bisschen weiter, denn wir können in diesem Fall gar keine richtige oder falsche Entscheidung treffen. Man kann vorher nicht wissen, welche Warteschlange langsam oder schnell ist. Es kann immer passieren, dass die Kassiererin einen Preis überprüfen muss oder der Kunde vor uns nicht genug Geld hat und lange überlegt, ob er den Wein oder das Waschpulver zurücklegt. Wir können uns also gar nicht wirklich für eine richtige Schlange entscheiden!

b) Was steht im Text? Kreuzen Sie die richtigen Aussagen an und notieren Sie die Zeile(n).

	richtig	Zeile(n)
1. Frauen mit Hut müssen nicht so lange in der Schlange warten.	☐	....
2. Erinnerungen helfen uns normalerweise, richtige Entscheidungen zu treffen.	☐	....
3. Es ist nur Glück, wenn die Schlange, in der wir warten, schnell ist.	☐	....
4. Die meisten Menschen können sich nach dem Einkauf genau an die Süßigkeiten an der Kasse erinnern.	☐	....
5. Es ist nicht möglich, dass alle immer in der langsamsten Schlange stehen.	☒	13–14
6. Unser Gehirn produziert oft falsche Erinnerungen.	☐	....
7. Wir denken normalerweise nicht: „Wie schön, dass es in dieser Schlange nicht so lange dauert."	☐	....
8. Wir erinnern uns an Tage, an denen wir auch lange warten mussten.	☐	....

2 Wortschatz. Nomen aus Einheit 2. Achten Sie auf Singular und Plural.

waagerecht

1. Füllen Sie bitte zuerst das … aus. Dann helfe ich Ihnen mit dem Antrag weiter.

4. Ich habe im Moment viel Stress in der Firma. Abends habe ich oft keine … mehr.

6. Ich kann mir die … von meinem Konto nicht merken.

8. Viele Studien zeigen, dass … gesund ist und Stress abbaut.

9. Auf … benutze ich immer die Kreditkarte der Firma und fliege in der Business-Klasse.

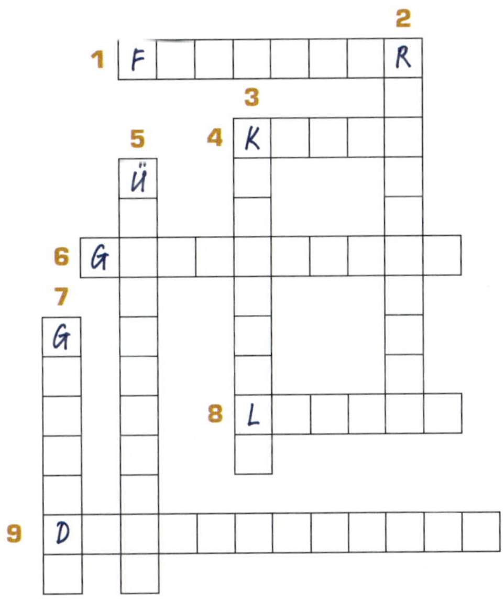

senkrecht

2. Ich gebe Ihnen ein paar gute …: Machen Sie mehr Sport, arbeiten Sie weniger und essen Sie mehr Obst und Gemüse!

3. Ich habe nur einen 10-Euro-Schein. Hast du vielleicht etwas …?

5. Mein Freund hat in der letzten Woche in der Firma zehn … gemacht. Wenn wir uns dann gesehen haben, war er sehr müde.

7. In Berlin findet man besonders am Potsdamer Platz viele interessante … von berühmten Architekten.

3 **Wer sagt was?** Schreiben Sie Relativsätze.

~~eine Panne haben~~ – es sehr eilig haben – nicht genug Geld dabei haben – sein Gepäck verloren haben – ihren Fahrschein nicht finden können – oft falsch parken

1. „Mein Auto ist stehen geblieben. Kannst du mich abholen?"
   Das sagt mein Bruder, *der eine Panne hat.*
2. „Ich habe aber ein Ticket. Moment, es muss hier in meiner Tasche sein."
   Das sagen Fahrgäste, ...
3. „Ich bin gerade mit dem Flug aus Wien angekommen, aber mein Koffer ist nicht da!"
   Das sagt jemand, ...
4. „Entschuldigung, ich muss meine Kinder abholen. Könnten Sie mich bitte vorlassen?"
   Das sagt ein Vater, ...
5. „Schon wieder ein Strafzettel! Das darf doch nicht wahr sein!"
   Das sagt meine Schwester, ...
6. „Kannst du mir zehn Euro leihen? Ich muss noch schnell etwas einkaufen."
   Das sagt meine Freundin, ...

4 **Ärger im Alltag.** Ordnen Sie die Sätze.

Ich ärgere mich über:

1. Weg – dem – auf – Arbeit – zur – Verkehrsstaus
   ....
   ....
2. im – Treppenhaus – die – Ball – , – spielen – Kinder
   ....
3. Leute – , – die – telefonieren – Kino – im
   ....
4. Winter – im – kaputte – die – Heizung
   ....
5. leeren – Park – neben – Mülleimern – im – Abfall
   ....
6. Bus – Musik – laute – im
   ....

5 **Bei der Polizei.** Frau Bamberg meldet einen Diebstahl. Ergänzen Sie den Dialog.

a) Es ist eine ziemlich große rote Ledertasche.
b) Wiedersehen.
c) Das mache ich zur Sicherheit. Was machen Sie denn jetzt?
d) Ich heiße Martina Bamberg und wohne in der Lerchengasse 4.
e) Vielen Dank! Ich hoffe sehr, dass Sie meine Tasche finden.
f) ~~Guten Tag. Jemand hat meine Handtasche gestohlen.~~
g) So gegen zwei. Genauer weiß ich es leider nicht.
h) Alles. Mein Handy, ungefähr 150 Euro, die Bankkarte, meine Kreditkarten und die Wohnungsschlüssel.
i) Nein, ich glaube nicht. Warum?
j) Ich war mit meiner Freundin im Eiscafé Firenze in der Münzstraße. Die Tasche stand neben meinem Stuhl.

1. Guten Tag.

■ f *Guten Tag. Jemand hat meine Handtasche gestohlen.*

2. Sie wollen also einen Diebstahl melden? Dann brauche ich bitte Ihren Namen und Ihre Adresse.

■ ……………………………………………

3. Ok. Können Sie mir jetzt zuerst sagen, wann der Diebstahl passiert ist?

■ ……………………………………………

4. Und jetzt muss ich noch wissen, wo der Diebstahl passiert ist.

■ ……………………………………………

……………………………………………

5. Wie sieht Ihre Tasche aus?

■ ……………………………………………

6. Und was war drin?

■ ……………………………………………

7. Wissen Sie, ob Ihre Adresse auch in der Tasche ist?

■ ……………………………………………

8. Sie sollten trotzdem besser sofort in Ihre Wohnung fahren und das Schloss auswechseln.

■ ……………………………………………

9. Bitte unterschreiben Sie hier. Wir melden uns, wenn die Tasche gefunden wird.

■ ……………………………………………

10. Wie gesagt, wir melden uns, wenn wir etwas finden, aber ich kann Ihnen nichts versprechen, Frau Bamberg. Auf Wiedersehen.

■ ……………………………………………

6 Ein Unglückstag

a) Lesen Sie den Text und schreiben Sie den letzten Satz.

An manchen Tagen funktioniert einfach gar nichts! Zum Beispiel gestern. Als ich wach wurde, war es schon kurz nach neun. Mein neuer Wecker war kaputt. Zum Duschen und Frühstücken hatte ich wirklich keine Zeit. Deshalb zog ich mich schnell an, trank nur ein Glas Milch und lief zur nächsten U-Bahn-Station. Als ich mir ein Ticket kaufen wollte, merkte ich, dass ich nicht genug Geld hatte. Am Bankautomaten warteten natürlich schon zwei andere Kunden. Ich wartete also, hob etwas Geld ab und kaufte mir dann am Fahrkartenautomaten ein Ticket. Ich freute mich, dass die Bahn nicht voll war, und setzte mich auf einen Platz am Fenster. Kurze Zeit später merkte ich, dass der Sitz nicht sauber war. Ich wollte mich nicht über die schmutzige Hose ärgern und holte meinen MP3-Spieler aus der Tasche. Ein bisschen Musik zur Entspannung tat mir gut, aber schon nach dem ersten Lied funktionierte er nicht mehr. Als ich endlich im Büro ankam, war es schon fast 10 Uhr, aber keiner war da.

....

....!

b) Gründe angeben. Schreiben Sie die Sätze zu Ende.

1. Der Wecker war kaputt, **deshalb** wachte Martina B. erst kurz nach neun auf.
2. Sie trank nur schnell ein Glas Milch, **weil** ....
3. Sie hatte kein Geld, **deswegen** ....
4. Sie musste am Bankautomaten warten, **weil** ....
5. Die U-Bahn war ziemlich leer, **darum** ....
6. Martina wollte sich nicht ärgern, **deswegen** ....
7. Sie konnte nicht lange Musik hören, **weil** ....
8. Ihre Kollegen waren nicht im Büro, **weil** ....

c) Beschreiben Sie in fünf Sätzen einen Unglückstag aus Ihrem Leben.

Das war so: Ich ....

....

....

....

....

7 Ratschläge geben. Konjunktiv II der Modalverben *sollen, müssen, können.*

1. Ihre Freundin hat eine zu hohe Telefonrechnung bekommen. (→ sollen / Verbraucherzentrale)

Sie sollte ....

....

2. Eine Praktikantin kommt immer zu spät zur Arbeit. (→ müssen / früher)

....

....

3. Sie sind mit Ihrem Kollegen Herrn Moll im Restaurant. Seine Rechnung ist zu hoch. (→ sollen / Kellner)

....

....

4. Ihre Eltern wissen nicht, wo sie Urlaub machen sollen. (→ können / Türkei)

....

....

5. Der Hund Ihrer Eltern ist zu dick. (→ müssen / laufen)

....

....

6. Ihr Freund möchte sich entspannen und etwas für seine Gesundheit tun. (→ können / Sauna)

....

....

8 Eine Aussage verstärken: *sehr, ziemlich, besonders.* Ordnen Sie passende Sätze zu.

1. ■ Ich hatte gestern im Büro besonders viel zu tun.
2. ■ Wir haben sehr viele Hausaufgaben.
3. ■ Erdbeereis schmeckt mir sehr gut.
4. ■ Wir haben uns zuerst ziemlich aufgeregt.
5. ■ Mein Opa kann sehr gut rechnen.
6. ■ Ich ärgere mich nicht besonders über die Überstunde.
7. ■ Ich fand den Film ziemlich langweilig.
8. ■ Mein erster Ferientag war nicht besonders schön.

a) Der Inhalt war nichts Besonderes.
b) Am besten ist es beim Italiener.
c) Dann war alles aber doch nicht so schlimm.
d) Ich habe heute Zeit zum Arbeiten.
e) Es hat nur geregnet.
f) Mein Chef wollte alle Rechnungen des letzten Monats sehen.
g) Ich kann dich nicht treffen.
h) Er braucht nie einen Taschenrechner.

3 Männer – Frauen – Paare

1 Junge oder Mädchen?

a) Lesen Sie die Sätze. Was meinen Sie? Kreuzen Sie an.

1.	■	■	■	Mein 3-jähriges Enkelkind wünscht sich zum Geburtstag ein Polizeiauto.
2.	■	■	■	Eine Frau sucht in der Spielzeugabteilung ein Geschenk. Sie entscheidet sich für eine Kinderküche.
3.	■	■	■	Ein Paar möchte sich in einem Sportgeschäft Fußballschuhe für ihr Kind in Größe 32 ansehen.
4.	■	■	■	Die rote Jeans sieht wirklich toll aus! Ich glaube, die nehme ich. Haben Sie die auch in Größe 116?
5.	■	■	■	Unser Nachbarskind übt jeden Nachmittag Trompete. Du kannst dir den Lärm nicht vorstellen!
6.	■	■	■	Jetzt auch noch Ballettunterricht! Ich komme mir manchmal vor wie eine Taxifahrerin.

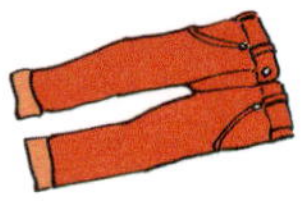

b) Begründen Sie Ihre Meinung zu den Aussagen in Aufgabe a). Schreiben Sie die Sätze ins Heft.

Ich denke, dass Ich bin der Meinung, dass Ich finde, dass Ich glaube nicht, dass Ich bin nicht der Meinung, dass	ein Polizeiauto eine Kinderküche Fußball eine rote Jeans Trompetespielen Ballettunterricht	typisch für Jungen ist. … typisch für Mädchen ist. … für Jungen oder Mädchen sein kann. …

1. Ich finde, dass ein Polizeiauto typisch für Jungen ist. Manche Jungen spielen aber auch gern mit Puppen.
2. Ich bin der Meinung, dass …

2 Jungen spielen anders – Mädchen auch

a) Lesen Sie den Text.

Der kleine Daniel liebt seine Puppe Lisa über alles. In letzter Zeit fährt er sie immer im Puppenwagen seiner Schwester spazieren – am liebsten mit Papa zusammen. Der Vater muss bei diesen Ausflügen oft lächeln, denn viele Leute reagieren immer noch mit wenig Verständnis. Ganz anders sieht es aus, wenn Daniel zum Beispiel mit seinem Vater auf dem Spielplatz Fußball spielt. Das finden alle ganz normal.

Maja ist wie Daniel vier Jahre alt. Sie trägt am liebsten ihre alte Jeanshose und das grüne T-Shirt mit dem Fußball vorne drauf. Die Kleine spielt auch gerne mit Jungen. Ihre Eltern machen sich über die Entwicklung ihrer Tochter keine Sorgen. Sie glauben, dass es am besten ist, wenn Maja das macht, was ihr am meisten Spaß macht.

Daniel und Maja sind aber eher Ausnahmen. Für welches Spielzeug sich Kinder entscheiden, entspricht meistens den üblichen Rollenklischees. Das haben Studien gezeigt, in denen Forscher Affen Autos, Bälle, Puppen und Kochtöpfe zum Spielen gaben. Die männlichen Affen spielten dabei mehr mit Autos und Bällen, die weiblichen mit Puppen und Kochtöpfen. Bei neutralen Spielsachen wie Bilderbüchern oder Teddybären gab es keine Unterschiede. Die Wissenschaftler kamen zu folgendem Ergebnis: Wenn Mädchen und Jungen unterschiedliches Spielzeug interessant finden, kann das mit traditionellen Aufgaben aus früheren Zeiten zusammenhängen.

Experten für Kinderpsychologie meinen heute, dass es gut ist, wenn die Mutter auch ein Regal zusammenbauen kann und der Vater manchmal Kuchen backt. So lernen Kinder, dass die Rollen nicht immer gleich verteilt sind. Wichtig: Mädchen und Jungen brauchen Eltern, die sie so akzeptieren, wie sie sind.

b) Kreuzen Sie die richtigen Aussagen an.

1. Daniels Vater weiß genau, was die Leute denken, wenn sie seinen Sohn etwas komisch ansehen:
a) ▪ „Ein richtiger Junge tut das nicht!"
b) ▪ „Der arme Vater! Warum geht die Mutter nicht mit ihrem Sohn spazieren?"
c) ▪ „Sicher ist in dem Puppenwagen eine kleine Katze oder ein Hund."

2. Maja hat bald Geburtstag. Sie wünscht sich ein Polizeiauto. Was sagen ihre Eltern wohl dazu?
a) ▪ „Maja soll später nicht Polizistin werden. Sie bekommt von uns eine Puppe."
b) ▪ „Ein Polizeiauto ist doch kein Spielzeug für Mädchen!"
c) ▪ „Maja hat schon so viele Autos. Wir schenken ihr lieber einen Ball."

3. Experten würden über Daniels Spielen mit Puppen sagen:
a) ▪ „Er ist wie alle anderen Kinder in seinem Alter."
b) ▪ „Aber die meisten Jungen spielen lieber mit Jungenspielsachen."
c) ▪ „Die Eltern sollten ihrem Sohn nicht erlauben, mit den Sachen seiner Schwester zu spielen."

4. Ein Wissenschaftler kommentiert das Ergebnis der Studie:
a) ▪ „Die Studie hat gezeigt, dass wir uns wie Tiere verhalten."
b) ▪ „Es ist interessant, dass weibliche Affen nicht mit Autos spielen."
c) ▪ „Die typische Rollenverteilung – Männer müssen stark sein und schnell laufen können, Frauen kümmern sich um das Essen und die Kinder – ist kein Klischee. Man kann sie auch bei einigen Tieren beobachten."

5. Experten raten:
a) ▪ „Es ist gut für Kinder, wenn sie von ihren Eltern lernen, dass beide verschiedene Aufgaben gleich gut erledigen können."
b) ▪ „Klare Geschlechterrollen sind wichtig. Der Vater wäscht jeden Samstag das Auto und die Mutter kauft die Lebensmittel ein."
c) ▪ „Kinder können die Welt nicht verstehen, wenn ihre Eltern alles anders machen als andere Eltern."

3 Da bin ich anderer Meinung! Benutzen Sie die Redemittel und ordnen Sie den Aussagen einen passenden Grund zu.

Das sehe ich ganz anders. – Das sehe ich nicht so wie du/Sie. –
Das stimmt doch nicht. – Da bin ich nicht ganz deiner/Ihrer Meinung. –
Das kann man so nicht sehen. – Da stimme ich dir/Ihnen nicht zu.

a) Es liegt vielleicht nur daran, dass es in den Chefetagen so wenige Frauen gibt.
b) Viele haben es einfach nie gelernt.
c) Männer können sich auch um die Kinder und den Haushalt kümmern.
d) Aber Männer finden vielleicht andere Gesprächsthemen interessant.
e) Hausarbeit und die Erziehung der Kinder sind viel Arbeit.
f) Die meisten interessieren sich eher für elektronische Artikel als für Kleidung.

1. Männer kaufen nicht gerne ein. f

....

2. Die besten Chefs sind immer Männer. ▢

....

3. Frauen reden mehr als Männer. ▢

....

4. Männer können nicht kochen. ▢

....

5. Mütter von Kleinkindern sollten nicht arbeiten gehen. ▢

....

6. Männer, die Erziehungsurlaub nehmen, sind zu faul zum Arbeiten. ▢

....

4 Infinitiv mit *zu*. Was finden Sie (nicht so / auch) wichtig? Schreiben Sie die Sätze ins Heft.

1. Mein Chef fährt ein teures Auto.
2. Meine Frau hat einen großen Freundeskreis.
3. Meine Freundin ist immer pünktlich.
4. Mein Nachbar sieht immer gut aus.
5. Meine Kollegin beantwortet E-Mails noch am selben Tag.
6. Mein Mann liest täglich Zeitung.

1. ...
2. Ich finde es auch wichtig, viele Freunde zu haben.

5 Wie oft vergessen Sie das?

a) Welches Verb passt? Ordnen Sie zu.

meinen Schreibtisch	1	a	gratulieren
Passwörter	2	b	einkaufen
Freunden zum Geburtstag	3	c	aufräumen
Lebensmittel	4	d	anrufen
wichtige Briefe zur Post	5	e	bringen
meine Eltern	6	f	notieren

b) Ergänzen Sie die Sätze mit den Angaben aus Aufgabe a). Benutzen Sie den Infinitiv mit *zu*.

1. Ich vergesse nie, ...
2. Ich vergesse manchmal, ...
3. Ich vergesse oft, ...
4. Ich vergesse selten, ...
5. Ich vergesse immer, ...
6. Ich vergesse immer öfter, ...

6 Gegenteile. **Claudia erzählt von ihrem neuen Freund Peter. Marie kennt ihn ziemlich gut und mag ihn nicht. Was denkt sie?**

Claudia

Marie

1. Er ist ein verständnisvoller Typ. ....
2. Ich finde auch, dass er sehr ehrlich ist. ....
3. Meine Eltern meinen, er ist besonders unkompliziert. ....
4. Ich habe den Eindruck, dass er im Beruf sehr erfolgreich ist. ....
5. Am besten gefällt mir, dass er so gefühlvoll ist. ....
6. Ich habe noch nie einen liebevolleren Freund gehabt! ....
7. Sicher findest du ihn auch sehr sympathisch. ....

7 Ein Liebesgedicht von Erich Fried

a) **Lesen Sie das Gedicht. Ersetzen Sie die folgenden Nomen durch Adjektive und schreiben Sie diese Variante in Ihr Heft.**

Es ist Unsinn → *Es ist sinnlos* ....

Es ist Unglück → *Man wird unglücklich* ....

Es ist nichts als Schmerz → *Es ist schmerzvoll* ....

b) **Schreiben Sie eine hoffnungsvolle Variante. Ordnen Sie die Adjektive zu und schreiben Sie auch den neuen Text in Ihr Heft. Vergleichen Sie.**

1 der Kopf / das Denken
2 etwas berechnen = eine Rechnung machen
3 ohne Hoffnung auf Erfolg
4 etwas einsehen = etwas verstehen
5 zum Lachen
6 es ist zu gefährlich

1. aussichtsvoll – **2.** schmerzlos – **3.** sinnvoll – **4.** ungefährlich – **5.** möglich – **6.** glücklich – **7.** toll

Was es sein kann

Es ist ▪
sagt das Herz
Es ist was es ist
sagt die Liebe

Man wird ▪
sagt die Hoffnung
Es ist ▪
sagt die Hoffnung
Es ist ▪
sagt die Hoffnung
Es ist was es ist
sagt die Liebe

Es ist *7*
sagt die Hoffnung
Es ist ▪
sagt die Hoffnung
Es ist ▪
sagt die Hoffnung
Es ist was es ist
sagt die Liebe

Landeskunde

Erich Fried (*6. Mai 1921 in Wien; † 22. November 1988 in Baden-Baden) ist einer der bekanntesten deutschsprachigen Dichter des 20. Jahrhunderts. Er ging nach der Ermordung seines Vaters 1938 nach London, wo er und seine Mutter vor den Nationalsozialisten sicher waren. Dort arbeitete er u. a. beim *German Service* der BBC. Berühmt wurde er mit zahlreichen Gedichtbänden und als Shakespeareübersetzer. Erst gegen Ende seines Lebens hat er für sein Werk viele wichtige Preise bekommen.

8 **Gegensätze ziehen sich an. Stimmt das? Lesen Sie, was diese fünf Paare dazu sagen. Wer passt zu wem? Ordnen Sie den Männern die passende Frau zu.**

1. **Ralf**: Ich finde, dass wir ganz gut zusammenpassen. Ich habe nicht viele Leute kennen gelernt, bevor ich **Sonja** getroffen habe. Sie hat viele Freunde und ist in verschiedenen Vereinen. Bei uns ist jetzt immer etwas los.

2. **Cem**: Wir kommen aus verschiedenen Kulturen. **Mareike** ist Holländerin und ich komme aus der Türkei. Aber wir haben viele gemeinsame Interessen und machen in unserer Freizeit fast alles zusammen: schwimmen gehen, mit Freunden ausgehen, fernsehen usw.

3. **Klaus**: Meine Frau ist älter als ich und verdient im Moment auch mehr. Das macht aber nichts, denn wir verstehen uns gut. Wenn **Eva** arbeitet, kümmere ich mich um unsere beiden Kinder und den Haushalt. Am Wochenende unterrichte ich an der Volkshochschule und abends lerne ich für mein Fernstudium. Wenn die Kinder etwas älter sind, möchte ich auch wieder arbeiten.

4. **Mario**: Ich wollte immer eine Frau, mit der ich alles teilen kann. Dann habe ich **Svetlana** getroffen. Sie fährt nicht gerne Rad, isst am liebsten zu Hause und liest viel. Ich sehe gerne fern, mache gerne Radtouren und gehe gerne aus. Ich habe gemerkt, dass das gar nicht schlimm ist, denn wir brauchen beide unsere freie Zeit.

5. **Johann**: Als meine Frau vor vier Jahren starb, dachte ich, dass ich ab jetzt immer alleine leben würde. Wir haben immer alles gemeinsam gemacht und sind jeden Tag spazieren gegangen. Dann habe ich meine zweite Frau im Urlaub auf Sylt kennen gelernt. **Hilde** ist Rentnerin und eine tolle Köchin! Meine Kinder und Enkel mögen sie auch sehr.

a) ....: Wir ergänzen uns gut. Er räumt immer auf und macht auch die Wäsche. Das tue ich eigentlich nicht so gerne. Ich kümmere mich aber um die Einkäufe und koche oft. Das macht er nicht so gern. Und wir interessieren uns beide für die Kultur des anderen. Das ist für uns sehr wichtig!

b) ....: Zuerst habe ich gedacht, dass ich das nicht schaffe. Er hat eine große Familie und ich habe nur noch meine Schwester. Aber dann hat es mir Spaß gemacht, für die Kindergeburtstage Kuchen zu backen oder mit der ganzen Familie zu verreisen. Nur die langen Spaziergänge werden mir manchmal zu viel.

c) ....: Wir haben wirklich nicht viele gemeinsame Interessen. Wenn er wieder mit dem Rad unterwegs ist oder fernsieht, habe ich Zeit zum Lesen. Aber manche Dinge mögen wir auch beide und wir verstehen uns sehr gut. Man muss ja nicht immer alles zusammen machen. Eigentlich ist es viel wichtiger, den anderen so zu akzeptieren, wie er ist.

d) ....: Das stimmt, und ich fand an ihm besonders attraktiv, dass er nicht auf jeder Party tanzt. Mit ihm ist mein Leben viel ruhiger und gemütlicher geworden. Und meine Freunde finden ihn auch ganz nett.

e) ....: Darauf freue ich mich schon sehr! Ich möchte eigentlich gerne weniger arbeiten, aber im Moment geht das nicht. Ich muss mir aber keine Sorgen machen, wenn ich im Büro bin, denn mein Mann kocht, wäscht, kauft ein und hat viel Zeit für Karina und Jost.

4 Deutschlands größte Stadt

1 Das Emsland. Eine Region verändert sich

a) Lesen Sie die Texte. Was bedeuten die markierten Wörter? Ordnen Sie sie den Erklärungen zu.

a) 1 Arbeitsgebiet der Bauern
b) ▪ Bäcker, Tischler, Maurer etc.
c) ▪ LKWs, Autos, Fahrräder etc.
d) ▪ nicht industriell hergestellt
e) ▪ Hochzeiten, Geburtstage etc.
f) ▪ an traditioneller Lebensweise interessiert
g) ▪ Ämter, Verkehr, Handel und Produktion

1. Das Emsland ist eine Region im südwestlichen Niedersachsen. Es ist größer als das Bundesland Saarland, aber Lingen, die größte Stadt im Emsland, ist mit über 50 000 Einwohnern eigentlich keine besonders große Stadt. Die meisten Menschen leben hier noch auf dem Land.

2. Früher nannte man die Region auch das „Armenhaus Deutschlands", weil es fast keine Industrie gab. Bis 1970 lebten die meisten Emsländer von der Landwirtschaft[1]. Nachdem die deutsche Regierung am 5. Mai 1950 den Emslandplan verabschiedete, wurde die Infrastruktur[2] in den folgenden Jahrzehnten stark verbessert und das Emsland entwickelte sich zu einer attraktiven Region für Industrie und Handwerk[3].

3. Neben den neuen Firmen, die in die Region kamen, gibt es noch viele traditionelle Familienbetriebe. Die Arbeitslosigkeit ist nicht besonders hoch. Im Emsland werden heute z. B. Papier, Maschinen, Fahrzeuge[4] und große Luxusschiffe hergestellt. Es gibt auch moderne Teststrecken für den Transrapid und die neusten Modelle von Mercedes Benz.

4. Das moderne Emsland ist aber auch sehr traditionsbewusst[5]. Zahlreiche Heimatvereine pflegen die typische ländliche Kultur. In vielen Orten finden in Heimathäusern Ausstellungen, Theateraufführungen oder Vorlesungen statt. Manche Heimathäuser können auch für Familienfeiern[6] gemietet werden oder bieten Touristen eine günstige Möglichkeit zum Übernachten.

5. Besonders im Sommer kommen viele Besucher ins Emsland. Das Freizeitangebot ist groß. Man kann Fahrten auf den Flüssen und Wanderungen oder Radtouren durch die schöne Landschaft machen und viele alte Schlösser, Burgen und Gärten besichtigen. Unterwegs laden Bauerncafés zu einem Glas frischer Milch oder einer Tasse Kaffee oder Tee mit selbstgebackenem[7] Brot und Kuchen ein.

6. Aus dem „Armenhaus" wurde eine moderne Region, die ihren ländlichen Charme nicht verlieren möchte. Die Modernisierung brachte aber nicht nur Vorteile. Besonders eine Veränderung macht vielen Emsländern Sorgen: Früher sprach man hier fast immer und überall das für die Region typische Plattdeutsch. Heute können die meisten jungen Leute „Platt" nur noch verstehen, aber nicht mehr sprechen.

b) Zu welchen Texten passen diese Aussagen?

Johann Erdmann (67), Rentner: „Hier hat sich seit meiner Kindheit sehr viel verändert! Früher hatten fast alle Familien im Dorf ein paar Tiere, z. B. eine Kuh und Hühner. Heute ist das nicht mehr so. Es gibt immer weniger Bauernhöfe."

Helga und Rainer Jobst (beide 28), Urlauber: „Wir sind mit unseren Kindern hier und begeistert! Gestern haben wir auf einem alten Bauernhof übernachtet und morgen wollen wir eine Schifffahrt auf der Ems machen."

Klaus (10), Schüler: „Meine Oma findet es schade, dass ich nur Hochdeutsch kann. Manchmal übt sie mit mir Platt, aber das hat wenig Sinn. Die meisten anderen Kinder in meinem Alter können Platt schon fast nicht mehr verstehen."

Monika Jürgens (51), Hausfrau: „Ich bin zwar nicht im Emsland geboren, aber ich finde die Pflege ländlicher Traditionen sehr wichtig. In unserem Verein ‚Lingener Land' helfe ich bei der Organisation von Radtouren und anderen Veranstaltungen."

Rudolf Möller (37), Ingenieur: „Ich komme aus dem Emsland und wollte früher immer weg von hier. Aber nach meinem Studium in Hamburg bin ich mit meiner Familie wieder in meine alte Heimat gezogen, weil ich hier Arbeit gefunden habe."

Wolfgang Maier (43), Bürgermeister: „Heute ist unsere Stadt die größte in dieser Region. Besonders groß ist sie aber eigentlich nicht. Viele Menschen möchten lieber im Grünen leben."

2 Nichts bleibt, wie es war

a) Lesen Sie die Texte. Was ist das Thema?

Martha Gerling (67): Als ich noch ein Kind war, war das Leben auf dem Land ganz anders als heute. Wir sind bei jedem Wetter zu Fuß in die Schule gegangen. Die meisten Kinder hatten noch Holzschuhe an den Füßen. Nachmittags mussten wir den Eltern bei der Arbeit helfen. Das war ganz normal. Meine Mutter hat mich oft zum Einkaufen ins Dorf geschickt. Wir hatten auch einen Obst- und Gemüsegarten. Da gab es immer viel zu tun. Trotzdem hatten die Leute viel Zeit füreinander.

Laura Gerling (24): Meine Oma erzählt oft von früher. Vieles hat sich verändert. Die Kinder fahren heute mit dem Bus in eine große Schule in der Stadt. Die Dorfschule gibt es nicht mehr. Wie alle Kinder tragen sie heute Sportschuhe und sitzen an den Nachmittagen oft lange vor dem Fernseher oder Computer. Zum Einkaufen fährt man heute zum Supermarkt im Nachbarort. Ohne Auto geht hier fast nichts mehr. Viele haben noch einen Garten, aber sie kaufen Obst und Gemüse lieber im Geschäft, weil das nicht so viel Arbeit macht. Heute haben es auch auf dem Land alle immer eilig.

b) Schreiben Sie mindestens fünf Vergleiche in Ihr Heft.

Früher sind die Kinder bei jedem Wetter zu Fuß in die Schule gegangen. Heute ...

3 Laura hatte auf dem Weg zur Arbeit einen Unfall.

Sie spricht mit dem Arzt im Krankenhaus. Was sagt sie? Ordnen Sie die Fragen und Aussagen.

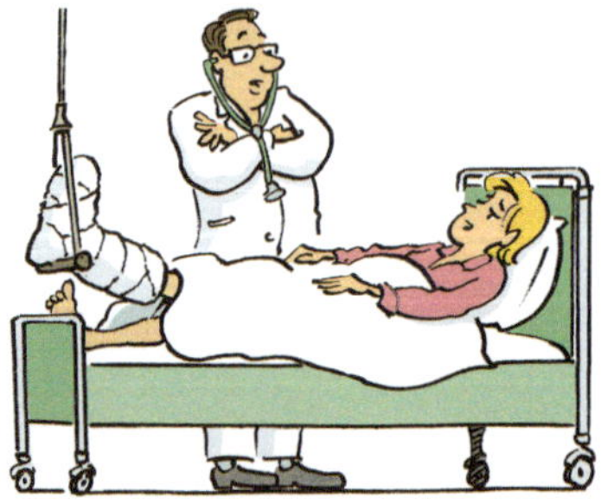

1. ....
   ....
   bleiben – Krankenhaus – lange – ich – muss – ? – wie – im

2. ....
   habe – . – Aspirin – Allergie – gegen – ich – eine

3. ....
   wieder – arbeiten – kann – ? – wann – ich

4. ....
   Mann – meinen – kann – ich – anrufen – ?

5. ....
   Krankenkasse – bezahlt – ? – wie viel – die

6. ....
   bekomme – Krankschreibung – Ihnen – ich – von – ? – eine

4 Vereinskalender. Ordnen Sie jeder Anzeige einen passenden Verein zu.

1. Karnevalsverein
2. Kleingartenverein
3. Musikverein
4. Reitverein
5. Heimatverein

a) ☐
Unser Jugendorchester lädt am 24. April zu einem *Frühjahrskonzert* bei Kaffee und Kuchen in die Stadthalle ein. Eintritt: Erwachsene 5 Euro, Kinder 2,50 Euro. Vom Gewinn sollen neue Instrumente gekauft werden.

b) ☐
Am Samstag, den 14. Juni 2008 ist es soweit: Wir feiern mit einem Tag der offenen Tür unser 25-jähriges Vereinsjubiläum. Das bunte Programm für kleine und große Pferdefreunde beginnt um 11 Uhr mit einem Reitermarkt.

c) ☐
Kostümprobe für den Umzug am Rosenmontag!
Die „Trusethaler" treffen sich am Samstag, den 12. Januar um 15 Uhr in der Sporthalle am Wall.

d) ☐
Kochen und Backen wie vor 100 Jahren!
Besuch der Ausstellung mit Führung durch Dr. Anna Franke am 19. November um 16.00 Uhr in unseren Vereinsräumen. Anmeldungen unter 027 51 / 22 17.

e) ☐
Am 15. Juni feiern wir ab 16 Uhr wieder unser traditionelles SOMMERFEST mit Kaffee und Kuchen, Musik und vielen tollen Überraschungen! Die Gewinner der Gartenwettbewerbe „Die schönste Rose" und „Der schwerste Kürbis" werden um 19 Uhr bekannt gegeben.

5 Tauschmarkt auf dem Sommerfest

a) Finden Sie passende Adjektive für die Gegenstände.

Kinderfahrrad
....

Armbanduhr
....

Bücher
....

Kaffeemaschine
....

CD-Spieler
modern, teuer, neu

Bälle
....

b) Alles Akkusativ! Achten Sie beim Tauschen auch auf den Wert der Gegenstände. Schreiben Sie mindestens sechs Sätze ins Heft.

1. *Ich tausche einen modernen CD-Spieler gegen eine klassische Armbanduhr.*
2. *Ich interessiere mich für den/das/die ... und biete den/das/die ... zum Tausch an.*

6 **Alles Dativ!** Ergänzen Sie die Adjektive.

arbeitslosen – dunklen – glücklichen – großen – langen – netten – polnischen – lauten – schweren – teuren

1. ■ Schläfst du in Dortmund in einem ……………………………[1] Hotel?
   ◆ Nein, das kann ich mir nicht leisten. Ich übernachte bei ……………………………[2] Freunden.
2. Der Strukturplan der Regierung soll den ……………………………[3] Industriearbeitern helfen.
3. ■ Opa, hast du früher in der Zeche viel an ……………………………[4] Maschinen gearbeitet?
   ◆ Nein, aber ich habe fast 20 Jahre jeden Tag in ……………………………[5] Tunneln und Schächten verbracht.
4. Nach drei ……………………………[6] Tagen in den Bergen kamen die Wanderer endlich mit ihrem ……………………………[7] Gepäck am Ziel an.
5. Wir gratulieren der ……………………………[8] Gewinnerin zu diesem ……………………………[9] Erfolg.
6. Hoffentlich ist den ……………………………[10] Kollegen bei dem Unfall nichts passiert!

7 Unfallmeldungen aus der Zeitung

a) Ergänzen Sie den bestimmten Artikel.

1. …………… Unfall
2. …………… Regen
3. …………… Bein
4. …………… Verletzung
5. …………… Risiko
6. …………… Versicherung

b) Ergänzen Sie die Endungen.

1 Schwer…… Unfall durch stark…… Regen auf der A1 bei Hamburg

2 *Fußballstar brach sich bei unglücklich…… Skiunfall link…… Bein*

3 Fußgänger nach Unfall mit leicht…… Verletzungen ins Krankenhaus gebracht

4 Jugendliche haben größer…… Unfallrisiko am Arbeitsplatz

5 *Beruflich…… Unfallversicherungen registrieren wieder mehr Arbeitsunfälle*

6 Deutsch…… Versicherungen wollen bei häufig…… Sportunfällen ihre Preise erhöhen

8 Testen Sie sich selbst!

a) Wie gut können Sie die Adjektivendungen schon?

a) ■ Ich schaffe mindestens 90 %.
b) ■ Ich schaffe mindestens 70 %.
c) ■ Ich schaffe mindestens 50 %.
d) ■ Ich schaffe weniger als 50 %.

b) Ergänzen Sie die fehlenden Endungen.

ExtraSchicht 2007: Das Ruhrgebiet feiert die Nacht der Industriekultur

Dortmund. Als an fünf Orten um Mitternacht die Abschlussfeier der 7. ExtraSchicht begann, strahlte das ganz.........[1] Ruhrgebiet. Über 150 000 Zuschauer bewunderten die Shows – das ist ein neu.........[2] Besucherrekord!

„Es hat allen wieder groß.........[3] Spaß gemacht, auch den verschieden.........[4] Organisatoren", erklärte der glücklich.........[5] Geschäftsführer der Ruhrgebiet Touristik nach dem wunderschön.........[6] Finale im Dortmunder Hafen. Die deutsch.........[7] Premiere des Wassertheaters einer französisch.........[8] Gruppe machte vor zahlreich.........[9] Besuchern den Hafen zur Bühne. „Die 7. ExtraSchicht war wieder ein toll.........[10] Erlebnis", meinten viel.........[11] Gäste.

Diese groß.........[12] Begeisterung war auch an den anderen Spielorten zu fühlen: Zum Beispiel konnten sich die Besucher in der alt.........[13] Zeche Zollverein in Essen eine interessant.........[14] Zukunftsausstellung ansehen, im MüGa-Park in Mühlheim an der Ruhr gab es einen spannend.........[15] Ausflug ins 4. Jahrtausend und im Bergbau-Museum Bochum begeisterten historisch.........[16] Filme aus der Werbung die Besucher.

Über 100 Busse des Verkehrsverbundes Rhein-Ruhr (VRR) machten einen bequem.........[17] Transport zwischen den Spielorten möglich. Dank der Zusammenarbeit mit den Städten aus der Nachbarschaft gab es frei.........[18] Fahrt von Köln bis nach Hamm. Die Kooperationspartner freuen sich schon auf das nächst.........[19] Jahr: „Die ExtraSchicht ist ein sicher.........[20] Zeichen für die positiv.........[21] Veränderungen im Ruhrgebiet!"

c) Vergleichen Sie Ihr Ergebnis mit dem Lösungsschlüssel.

Internettipp
www.extraschicht.de

a) **90 % (18 Endungen) und mehr** – Prima! Sie können die Adjektivendungen schon sehr gut!
b) **70 % (14 Endungen) und mehr** – Sie haben die Regeln schon ziemlich gut verstanden. Sehen Sie sich die Endungen noch einmal an.
c) **50 % (10 Endungen) und mehr** – Sie sollten die Adjektivendungen wiederholen. Denken Sie beim Schreiben daran, das Nomen zu analysieren (mask./fem./neutr.? – Nominativ, Dativ, Akkusativ, Genitiv? – Singular oder Plural? – Artikel?).
d) **Weniger als 50 % (weniger als 10 Endungen)** – Geben Sie nicht auf! Sehen Sie noch einmal im Kursbuch (S. 217) nach oder fragen Sie Ihre Kursleiterin / Ihren Kursleiter nach mehr Übungen.

5 Schule und lernen

1 Schulsysteme in D-A-CH: Ein Vergleich

a) Beantworten Sie die Fragen in einer Tabelle in Ihrem Heft. Ergänzen Sie zuerst nur die linke Spalte (Deutschland). Vergleichen Sie Ihre Antworten mit den Informationen auf den Seiten 78 und 79 im Kursbuch.

1. Wie viele Jahre dauert die Schul- bzw. Unterrichtspflicht?
2. Wie alt sollten Kinder an ihrem ersten Schultag sein?
3. Wie nennt man die Schule für die ersten vier Schuljahre?
4. Welche Schultypen gibt es für das 8. Schuljahr?
5. Mit welchem Schulabschluss kann man die Universität besuchen?

Deutschland	Österreich	Schweiz
Frage 1: 9 Jahre		

b) Sehen Sie sich die Grafiken an und lesen Sie den Text. Ergänzen Sie dann Ihre Tabelle mit den Informationen zum Schulsystem in Österreich und der Schweiz.

Schulsysteme in D A CH – ein Vergleich

Legende: AHS = Allgemeinbildende höhere Schule; BHS = Berufsbildende höhere Schule; BMS = Berufsbildende mittlere Schule

Die Schulsysteme in Deutschland, Österreich und der Schweiz sind nicht gleich, aber ähnlich. Die Mindestdauer für den Besuch des Unterrichts ist in allen drei Ländern gleich. In Österreich besteht keine Schulpflicht, sondern Unterrichtspflicht für alle Kinder. Das bedeutet, dass der Unterricht auch zu Hause oder an einer Privatschule stattfinden kann. Die Unterrichtspflicht beginnt im September nach dem sechsten Geburtstag des Kindes und dauert neun Schuljahre. Das ist in der Schweiz nicht anders.

Unterschiede im Schulsystem zeigen sich in erster Linie bei den Schultypen und Schulabschlüssen, die in den drei Ländern unterschiedliche Namen haben. Während z. B. die Kinder in Deutschland in die Grundschule gehen, besuchen die Kinder in Österreich die Volksschule und in der Schweiz die Primarstufe. In Deutschland und Österreich werden die Kinder nach vier Jahren verschiedenen Schulen zugeordnet. In Österreich ist das die AHS Unterstufe oder die Hauptschule. In der Schweiz dagegen besuchen alle Kinder spätestens nach dem 6. Schuljahr die Sekundarstufe I.

Für die Zulassung zum Studium an der Universität braucht man in Deutschland das Abitur und in der Schweiz das Maturitätszeugnis. In Österreich muss man die Oberstufe der AHS oder die BHS besuchen und mit der Matura abschließen.

2 Thema Schule

a) Finden Sie die Wörter.

1. *Mathematik* ....
KITAHMETAM

2. ....
UEPAS

3. ....
RRNTICHTUE

4. ....
AUAUFHSGANEB

b) Zu welchen Verben passen die Nomen aus Aufgabe a) am besten? Ordnen Sie die Zahlen zu.

a) ■ machen, vergessen, abschreiben
b) ■ lernen, üben, rechnen, mögen
c) ■ aufpassen, ausfallen, vorbereiten
d) ■ machen, brauchen, essen, spielen

c) Schreiben Sie zu jedem Wort aus Aufgabe a) mindestens zwei Beispielsätze mit den Verben aus Aufgabe b).

1. In Mathematik wird gerechnet. / Ich mag Mathematik besonders gern.
2. In der ...

3 Mein erster Schultag. Jedes fünfte Wort fehlt. Ergänzen Sie den Text. Unten finden Sie Hilfe.

An meinen ersten Schultag .... [1] ich mich noch gut .... [2]. Ich hatte eine große .... [3], die ich kaum tragen .... [4]. Ich wollte Lesen und .... [5] lernen und freute mich .... [6]. Weil es ein Foto .... [7] meinem ersten Schultag gibt, ... [8] ich auch, dass das .... [9] gut war. Die Sonne .... [10] geschienen und alle hatten .... [11] Laune. Ich stehe mit .... [12] neuen Schultasche auf dem .... [13] vor dem Schultor und .... [14] glücklich und auch etwas .... [15]. Ich bin mir ganz .... [16], dass es ein sehr .... [17] Tag war!

schöner – kann – sicher – erinnern –
sehr – hat – meiner – konnte – Wetter – von – Schultüte – weiß – Rücken – bin – gute – aufgeregt – Schreiben

4 Was lernt man wo? Ordnen Sie die Fächer zu.

1. Mathe
2. Physik
3. Bio
4. Deutsch
5. Politik
6. Geographie

a) ■ warum Bäume Licht brauchen
b) ■ wie man Rechnungen überprüft
c) ■ welche Aufgaben ein (Bundes)Präsident hat
d) ■ wie man Bewerbungsbriefe schreibt
e) ■ wie die größten Flüsse in Europa heißen
f) ■ warum manche Menschen blaue Augen haben
g) ■ wie lang der Bremsweg eines Autos ist
h) ■ wie man wichtige Informationen in einem Zeitungsartikel findet
i) ■ warum die Erde sich dreht
j) ■ wie viel man spart, wenn etwas 20 % preiswerter ist
k) ■ wie die Hauptstädte Europas heißen
l) ■ welche Parteien es gibt

5 Lernen im Alltag

a) Ordnen Sie die Bilder zu und finden Sie zu jedem Nomen ein passendes Verb.

backen – bedienen – spielen – ~~fahren~~ – senden – lösen

1. ■ Videospiele ....
2. ■ Auto *fahren* ....
3. ■ einen Bankautomaten ....
4. ■ E-Mails ....
5. ■ Pizza ....
6. ■ Kreuzworträtsel ....

b) Wann, wie, mit oder von wem und wo haben Sie das gelernt? Wählen Sie drei Beispiele aus und schreiben Sie einen kurzen Text in Ihr Heft.

Kreuzworträtsel lösen habe ich von meiner Oma gelernt. Da war ich 14 und wir ...

6 Vier Berufe in der Schule. Wer macht was? Ergänzen Sie typische Tätigkeiten.

Hausmeister: ....

Schulsekretärin: Briefe schreiben, ...

Schulsozialarbeiterin: ....

Lehrer: ....

7 Projekttage: Schule einmal ganz anders erleben.

Verbinden Sie die Sätze mit Relativpronomen.

1. An unserer Schule gibt es jedes Jahr Projekttage. An den Tagen ist der Unterricht ganz anders.

   An unserer Schule gibt es jedes Jahr Projekttage,

   an denen der Unterricht ganz anders ist.

2. Alle Schüler können sich zwei Fächer aussuchen. Sie interessieren sich sehr für die Fächer.

   ....

3. Sie werden dann in Gruppen aufgeteilt. In den Gruppen arbeiten sie an einem bestimmten Thema.

   ....

4. Jeder bekommt einen Projektpartner. Mit dem Partner bearbeitet er eine Aufgabe.

   ....

5. Zum Schluss werden Eltern und Geschwister zu einer Veranstaltung eingeladen. Auf der Veranstaltung präsentieren alle Gruppen ihre Ergebnisse.

   ....

8 **Was ist das? Wählen Sie ein passendes Wort aus. Schreiben Sie dann eine Worterklärung mit Relativpronomen. Achten Sie auch auf die Präpositionen!**

~~Wörterbuch~~ – Rechnung – Schultag – Gymnasium – Unterrichtsvorbereitung – Ferien – Arbeitszeit – Pausenhof – Lieblingsfach – Realschule – Noten – Hausaufgaben – Lehrerzimmer – Computer – Ausbildung

1. In dem Buch suche ich nach unbekannten Wörtern: *das Wörterbuch* ……
   Ein Wörterbuch ist ein Buch, ……
2. An dem Tag findet Unterricht statt: *der* ……
   ……
3. Diese Zahlen stehen für jedes Fach auf dem Zeugnis: *die* ……
   ……
4. In dieser Zeit haben die Schüler schulfrei: *die* ……
   ……
5. Das Fach macht am meisten Spaß: *das* ……
   ……
6. Auf dieser Schule kann man in Deutschland das Abitur machen: *das* ……
   ……

9 **Wie könnte Schule mehr Spaß machen?**

a) Lesen Sie die Gedanken des Schülers.

b) Ergänzen Sie die Sätze im Konjunktiv II.

1. Ich würde mich auf die Ferien freuen, *wenn ich keine Angst vor dem Zeugnis hätte.* ……
2. Du wärst sicher besser in Englisch, *wenn* ……
   ……
3. Ich hätte mehr Interesse an Sport, ……
   ……
4. Paul würde sich freuen, ……

10 Wünsche. **Lesen Sie die Antworten. Ergänzen Sie die Wünsche im Konjunktiv II.**

1. ich – besser Deutsch können

   ■ *Ich wünschte, ich könnte besser Deutsch.*

   ◆ Aber du sprichst doch schon ganz gut Deutsch. Mach weiter so!

2. ich – in Mathe besser sein

   ■ *Ich wünschte,* ....

   ◆ Aber du hast doch in allen anderen Fächern eine gute Note. Sei zufrieden!

3. mein Chemielehrer – netter sein

   ■ *Ich wünschte,* ....

   ◆ Aber dein Biolehrer ist doch ganz nett. Vielleicht hast du ihn bald auch in Chemie.

4. wir – heute ein Video sehen

   ■ *Ich wünschte,* ....

   ◆ Aber ihr habt doch letzte Woche schon ein Video gesehen. Das geht heute nicht.

5. ich – wissen, wie es geht

   ■ *Ich wünschte,* ....

   ◆ Leider weiß ich auch nicht, wie man die Aufgabe löst.

6. du – mir helfen können

   ■ *Ich wünschte,* ....

   ◆ Ich kann jetzt nicht. Frag doch mal Papa. Der hatte immer gute Noten in Physik.

11 Über das Lernen. **Trennen Sie die Wörter und schreiben Sie die beiden Sprüche in Ihr Heft. Setzen Sie Punkte und Kommata.**

Leben in Deutschland 1

1 Ein Elternabend in der Schule

a) Lesen Sie die Einladung. Welche Informationen bekommen Sie?

wann	wo	Themen

GESAMTSCHULE GEISTAL
SCHULFORMÜBERGREIFENDE GESAMTSCHULE DES KREISES HERSFELD-ROTENBURG
Geistalweg 9 · 36251 Bad Hersfeld

Liebe Eltern der Klasse 6c,

am Dienstag, den 16. August um 18:30 Uhr findet unser erster Elternabend in diesem Schuljahr statt. Wir treffen uns wie immer im Klassenraum der 6c, Raum A-301. Wir werden über die geplante Klassenfahrt sprechen, und die Wahl der Elternvertreter steht auf dem Programm. Über Ihr zahlreiches Erscheinen würde ich mich sehr freuen.

Mit freundlichen Grüßen

Ute Dormeister

Ute Dormeister, Klassenlehrerin

b) Lesen Sie den Info-Kasten. Was sind die Aufgaben der Elternvertretung? Und was sehen Sie an der Tafel?

Landeskunde

Durch die **Elternvertretung** können die Eltern an Schulen mitbestimmen. Sie ist in Deutschland in den Schulgesetzen der Bundesländer vorgeschrieben, das heißt, an jeder Schule muss es eine Elternvertretung geben. In manchen Bundesländern wird sie auch **Elternbeirat**, **Elternausschuss** oder **Elternpflegschaft** genannt.
Beim ersten Elternabend jeder Klasse müssen ein Elternteil als **Vorsitzende/r der Klassenelternschaft** und ein/e **Stellvertreter/in** für die Dauer von zwei Jahren gewählt werden. Die Elternvertreter arbeiten ehrenamtlich.
Zu den Aufgaben der Elternvertretung gehören unter anderem,
– die Interessen der Elternschaft zu vertreten, Wünsche und Vorschläge der Eltern zu sammeln und diese an die Schulleitung weiterzugeben,
– an den Beratungen der **Schulkonferenz** teilzunehmen.
Die Schulleitung unterrichtet die Elternvertretung über alle Angelegenheiten, die für die Schule von Bedeutung sind, und gibt alle notwendigen Auskünfte. Zu bestimmten Angelegenheiten, wie z. B. dem Essensverkauf in der Pause, muss die Meinung der Elternvertretung gehört werden.

1. Wahl der Vorsitzenden der EV

Frau Schmidt:	18
Frau Kiliç:	4
Frau Fiedler:	4
Enthaltungen:	2

2. Wahl der Stellvertreterin der EV

Frau Kiliç:	15
Frau Fiedler:	11
Enthaltungen:	2

2 Die Wahl der Elternvertretung

a) Lesen Sie den Dialog. Ordnen Sie zu und beantworten Sie die Fragen.

1. Es tut mir leid – 2. Schade – 3. Ich freue mich – 4. sehr gerne – 5. schon sehr interessant – 6. Es wäre besser – 7. echt toll

Frau Dormeister: ■, Sie auch in diesem Schuljahr wieder als Klassenlehrerin Ihrer Kinder zum ersten Elternabend begrüßen zu dürfen. Zuerst wählen wir die Elternsprecher. Ich bitte um Vorschläge für die Kandidaten.

Frau Albrecht: Frau Schmidt, Sie waren doch die letzten zwei Jahre in der EV und Sie haben das ■ gemacht. Würden Sie wieder kandidieren?

Frau Schmidt: Ja, ■. Vielleicht machst du ja auch wieder mit, Thomas?

Frau Dormeister: Gut, dann schreibe ich Sie, Frau Schmidt, schon mal an die Tafel. Und Sie, Herr Kroll?

Thomas Kroll: ■, aber ich habe dieses Jahr sehr viel im Beruf zu tun und hätte einfach nicht genug Zeit. ■, wenn es jemand anders machen könnte.

Frau Schmidt: ■, aber da kann man nichts machen. Es wäre gut, wenn auch ein türkischer Elternteil in der Elternvertretung wäre. Frau Kiliç, hätten Sie nicht Lust?

Frau Kiliç: Ich weiß nicht … was muss ich denn da genau machen?

Frau Dormeister: Sie nehmen an den Sitzungen der Gesamtelternvertretung teil, in denen über alle Angelegenheiten der Schule gesprochen wird. Über die Ergebnisse informieren Sie uns alle bei den Elternabenden. Und natürlich gibt es immer wieder Veranstaltungen an der Schule wie z. B. unser Sommerfest, bei deren Organisation die EV hilft.

Frau Kiliç: Das klingt ■. Ich würde es gern versuchen.

Frau Dormeister: Gut, damit hätten wir unsere zweite Kandidatin …

Frau Fiedler: Ich war in der Grundschule schon mal in der Elternvertretung und könnte es mir jetzt wieder vorstellen.

Frau Dormeister: Schön, jetzt sind es schon drei Kandidatinnen. Gibt es noch einen Vorschlag? … Nein? Dann können wir wählen. Möchte jemand eine geheime Wahl? …. Niemand? Dann können wir offen wählen. Zuerst wählen wir die erste Vertreterin. Wer ist für Frau Schmidt? Bitte aufzeigen …

1. Wer ist die Klassenlehrerin. Ist sie neu? ....
2. Wer sind die Kandidaten für die Wahlen? ....
3. Wer war schon einmal in der EV? ....
4. Ist die Wahl offen oder geheim? ....

b) Sehen Sie sich auch das Wahlergebnis auf Seite 34 an.

1. Wie viele Eltern sind auf dem Elternabend? – 2. Wer wird erste Vorsitzende und wer wird die Stellvertreterin? – 3. Wer ist zum ersten Mal in der EV?

3 Die 6c plant eine Klassenfahrt

a) Sehen Sie sich die Collage an. Was ist das Ziel der Klassenfahrt? Welche Informationen bekommen Sie noch? Sammeln Sie.

Ziel:
Wann:

Das Bünder Schullandheim auf Wangerooge

Ich fahre in den Urlaub und packe in de

Kleidung

- ❑ Unterwäsche
- ❑ Strümpfe/ Socken
- ❑ Hemd/Bluse
- ❑ Jacke
- ❑ Strickjacke
- ❑ Lange Hosen
- ❑ kurze Hosen
- ❑ Pullover
- ❑ T-Shirt
- ❑ Kleid/Rock
- ❑ Schlafanzug/Nachthemd
- ❑ Bademantel
- ❑ festes Schuhwerk (Wandern)
- ❑ Hausschuhe
- ❑ Sandalen
- ❑ Sportschuhe
- ❑ Sportbekleidung
- ❑ Gürtel
- ❑ Badesachen
- ❑ Badeschuhe

bei Reisen im Winter:

- ❑ Anorak
- ❑ Schal
- ❑ Handschuhe
- ❑ Mütze/ Stirnband
- ❑ Skihose/-anzug/-jacke
- ❑ warme Socken
- ❑ Stiefel
- ❑ …

- ❑ Nagelfeile/Nagelsch
- ❑ Körpercreme/ Body
- ❑ Zahnspange/Reinig
- ❑ Deo
- ❑ Handcreme
- ❑ Spiegel
- ❑ Fön / Lockenstab
- ❑ Nagellack/ -entfe
- ❑ Tampons/Binden
- ❑ Schminkutensilien
- ❑ Labello
- ❑ Wattestäbchen
- ❑ Haarspange/-gumm
- ❑ Taschentücher
- ❑ Waschlappen
- ❑ Handtücher
- ❑ Parfüm

Sonstiges

- ❑ Schreibzeug/ Papi
- ❑ Handtasche
- ❑ Schmuck
- ❑ Brille/ Sonnebrille
- ❑ Brillenetui
- ❑ Strandtuch/ Stran
- ❑ Federball
- ❑ Reisemedizin
- ❑ Frisbee-Sch
- ❑ Mal/Zeich
- ❑ Fotoap
- ❑ Bett
- ❑ …

Erklärung anlässlich der Klassenfahrt der Klasse 6c nach Wangerooge vom 22. 09. bis 28. 09. 2008.

Name der/des Tochter/Sohnes:

Name: ____________________ Vorname: ____________________

Geburtsdatum: ____________________ Geburtsort: ____________________

Anschrift der Eltern (Versicherter)

Name: ____________________ Vorname: ____________________

Straße: ____________________ Wohnort: ____________________

Tel.: ____________ (priv.) ____________ (Job) ____________ (sonstige)

Krankenversicherung des Kindes: Versicherung: ____________________

Ort: ____________________

Hausarzt: ____________________

o Die Kassenkarte stelle ich den Begleitpersonen zur Verfügung.

o Den Impfpass stelle ich den Begleitpersonen zur Verfügung.

Hat Ihr Kind besondere Krankheiten/Allergien? Welche?

____

Muss Ihr Kind eine besondere Diät einhalten? Welche?

____

Müssen regelmäßig Medikamente, Tabletten etc. eingenommen werden? Welche? Zu welchen Einnahmezeiten?

____

Evtl. einzunehmende Medikamente:

o werden wir unserem Kind in ausreichender Menge mitgeben.

o werden wir den Lehrern bei der Abfahrt in ausreichender Menge mitgeben.

o die Einnahme erfolgt selbstständig / o muss von den Lehrern überwacht werden.

Welche Informationen über Ihr Kind sind noch wichtig (z. B. erstes Mal alleine weg, Schlafstörungen o. ä.)?

____

Einverständniserklärung der Eltern

1. Wir erklären uns damit einverstanden, dass unser Kind an allen geplanten Veranstaltungen (Ausflüge, Schwimmen, Wanderung, Rahmenprogramm) teilnimmt.
2. Wir erklären uns damit einverstanden, dass unser Kind unter Aufsicht baden darf:
   - O mein Kind kann schwimmen*
   - O mein Kind kann nicht schwimmen*
3. Wir erklären uns damit einverstanden, dass unser Kind zeitweise auch ohne Beaufsichtigung in Kleingruppen sein kann (mindestens 3er-Gruppen; z.B. beim Bummel im nahe liegenden Dorf).
4. Wir wissen, dass unser Kind den Anordnungen der beaufsichtigenden Lehrer nachzukommen hat. Uns ist bekannt, dass unser Kind auf unsere Kosten nach Hause geschickt werden kann, wenn es grob gegen die Anweisungen der beaufsichtigenden Lehrer oder der Hausordnung (als Kopie dem Schreiben beigefügt) verstößt.

.................................., den.................. ....

(Ort) (Unterschrift des/der Erziehungsberechtigten)

b) Ihre 12-jährige Tochter Jasmina soll an der Klassenfahrt teilnehmen. Füllen Sie die Erklärung aus.

4 Ein Telefongespräch

a) Karin Bayer konnte nicht am Elternabend teilnehmen. Sie ruft eine andere Mutter an, um sich zu informieren. Ergänzen Sie die Fragen.

■ Susanne Kröger. Hallo?

◆ Hallo Susanne, hier ist Karin. Sag mal, warst du gestern auf dem Elternabend?
Worüber ....?

■ Ach, hallo Karin. Ja, schade, dass du nicht dabei warst, wir haben die Elternvertreter gewählt und wir wissen jetzt alles über die Klassenfahrt.

◆ Na, dann erzähl doch mal. Wisst ihr jetzt, ...?

■ Ja, stell dir vor. Sie fahren an die Nordsee. Auf die ostfriesische Insel Wangerooge. Dort gibt es ein Schullandheim. Die Kinder können viel Sport machen, das Meer sehen und werden oft an der frischen Luft sein. Das wird Jonas gefallen.

◆ Die Seeluft soll ja so gesund sein. ....?

■ Viel früher als geplant. Wegen des Wetters sollen die Kinder schon Ende September fahren. Wenn sie Glück haben, gibt es dann noch ein paar warme Tage.

◆ ....?

■ Vom 22. bis zum 28. September, also sieben Tage.

◆ ....?

■ Die sieben Tage kosten insgesamt, also mit Essen, Anfahrt und Übernachtungen im Landschulheim, 240 Euro – das ist wirklich günstig.

◆ Frau Dormann braucht das Geld bestimmt bald. *Bis* ....
....?

■ Ja, bis spätestens 3. September muss das Geld eingezahlt werden. Das ist für manche nicht leicht. Aber es gibt Zuzahlungen aus dem Verein „Freunde der Sternberg-Schule".

◆ Gott sei Dank – es wäre doch schade, wenn nicht alle Kinder mitfahren könnten.
Was ....?

■ Es gibt eine Checkliste, da steht alles drin, was die Kinder brauchen. Das wichtigste wird Regenzeug sein – an der Nordsee stürmt es oft!

◆ *Von wem* ....?

■ Frau Dormeister hat uns schon alle Dokumente mitgegeben. Die Checkliste, aber auch die Einverständniserklärung und auch die Bankverbindung für die Überweisung. Ich habe für dich alles mitgenommen.

◆ Du bist ein Schatz. Danke.

b) Wie finden Sie es, dass es in Deutschland regelmäßige Klassenfahrten gibt? Sammeln Sie die Vorteile. Gibt es Ihrer Meinung nach auch Nachteile? Welche?

Die Kinder lernen neue Regionen kennen. Sie ...

6 Klima und Umwelt

1 Wetter und Gesundheit

a) Lesen Sie den Text und markieren Sie die (Wetter-)Wörter, die zu den Bildern passen.

Das Wetter und das Klima beeinflussen unser Leben und unsere Gesundheit. Extreme Wettersituationen haben einen direkten Einfluss auf uns. Sie können nicht nur eine Gefahr für die Gesundheit, sondern sogar lebensgefährlich sein. So sterben viele Menschen jedes Jahr an zu großer Hitze oder Kälte. Aus den Nachrichten und Zeitungen erfahren wir immer wieder, dass viele Menschen durch einen Sturm, eine Hochwasserkatastrophe oder durch Lawinen ihre Häuser, Arbeit und oft auch Familienmitglieder verloren haben. Lange Trockenheit in einer Region kann dazu führen, dass es kein Wasser und auch keine Lebensmittel mehr gibt. Das hat oft schlimme Folgen für die Menschen, die dort leben. Denn Wassermangel kann auch zu politischen Konflikten führen.

Aber es muss nicht immer gleich eine Katastrophe sein. Zu den direkten Einflüssen zählt man auch die so genannte Wetterfühligkeit, an der 30 bis 50 Prozent der Bevölkerung leiden. Müdigkeit oder Kopfschmerzen gehören sicher zu den häufigsten Anzeichen. Man geht auch davon aus, dass das Wetter ein wichtiger Stressfaktor sein kann, weil der menschliche Körper auf jeden Wetterwechsel reagieren muss.

Andere Krankheiten sind indirekt vom Wetter und von der Umwelt abhängig. Zum Beispiel können durch eine hohe Luftverschmutzung Allergien und Erkrankungen der Atemwege entstehen. Die Qualität des Wassers spielt natürlich auch eine wichtige Rolle. Es gibt heute immer noch viele Regionen, in denen die Menschen unter Krankheiten leiden, die durch verschmutztes oder altes Trinkwasser entstehen.

Schon in der nahen Zukunft könnte es durch den Klimawandel zu weiteren Problemen kommen. Wegen höherer Konzentrationen von Treibhausgasen in der Atmosphäre wird mit einer Klimaerwärmung gerechnet. Viele Krankheitserreger können sich bei höheren Temperaturen schneller entwickeln und auch in normalerweise kühleren Klimazonen überleben. Das bedeutet zum Beispiel, dass die Malaria in Zukunft in Gegenden auftreten könnte, wo sie heute noch nicht vorkommt.

Neben den negativen Einflüssen dürfen aber die positiven nicht vergessen werden. Schon seit Jahrhunderten ist z. B. der gesundheitsfördernde Effekt einer Klimakur in den Bergen oder am Meer bekannt. Der Klimawechsel und die frische Luft sind gut für Körper und Gesundheit. Oft fühlen wir uns auch schon besser, wenn nach langer Regenzeit wieder die Sonne scheint oder es nach langer Trockenheit endlich einmal wieder so richtig regnet.

b) Direkte und indirekte Einflüsse auf Gesundheit und Leben. Ergänzen Sie die Tabelle mit Informationen aus dem Text.

direkte Einflüsse	indirekte Einflüsse
große Hitze und …	hohe Luftverschmutzung

c) Folgen für die Gesundheit und das Leben der Menschen. Wählen Sie mindestens vier Beispiele aus der Tabelle aus Aufgabe b) aus und schreiben Sie vier Sätze.

Durch Lawinen, Sturm oder Hochwasser verlieren viele Menschen ihre Häuser. ....

Wenn es lange nicht regnet, ...

Wegen der hohen Luftverschmutzung ....

....

2 **Wie wird das Wetter morgen?** Sehen Sie sich die Wetterkarte an. Schreiben Sie Prognosen.

1. Frost im Nordosten
   Morgen wird es im Nordosten frieren.
   ....
2. Sonnenschein in Berlin
   ....
   ....
   ....
3. Regen in Köln
   ....
   ....
   ....
4. Schnee in München
   ....
   ....
5. Dicke Wolken über Stuttgart
   ....
   ....
   ....

3 Zeitangaben machen

a) Präpositionen und Zeitangaben. Was passt zusammen? Kreuzen Sie an.

im	in der	am	um	
✗	☐	☐	☐	Jahr
☐	☐	☐	☐	Woche
☐	☐	☐	☐	Wochenende
☐	☐	☐	☐	Januar, Februar, März, April, …
☐	☐	☐	☐	Montag, Dienstag, Mittwoch, Donnerstag, …
☐	☐	☐	☐	Nacht
☐	☐	☐	☐	Tag
☐	☐	☐	☐	halb drei, Viertel vor zwei, eins, …
☐	☐	☐	☐	Morgen, Vormittag, Mittag, Nachmittag, Abend

b) Markieren Sie die Präpositionen mit Zeitangaben im Text. Überprüfen Sie dann Ihre Angaben in der Tabelle.

Mein Reisebuch 2007

Im letzten Jahr war ich im März mit meiner Freundin in Singapur. In der ersten Woche war das Wetter gleich sehr schön. Am Morgen war es meistens noch angenehm kühl, am Vormittag wurde es dann schnell wärmer und mittags und nachmittags war es oft so heiß, dass wir gar nicht viel unternehmen konnten.

Am ersten Tag sahen wir uns gleich die berühmteste Einkaufsstraße, die Orchard Road, und das alte koloniale Stadtviertel am Fluss an. Danach waren wir am Abend so müde, dass wir einfach im Hotel geblieben sind. In der Nacht sind wir um halb drei aufgewacht, weil es im Zimmer so kalt war. Leider konnten wir die Klimaanlage nicht anders einstellen. Wir zogen uns deshalb einfach unsere warmen Sachen aus Deutschland an und schliefen bis mittags. Erst um eins sind wir aufgestanden! Am Donnerstag, das war unser vierter Tag in Singapur, hatten wir uns endlich an die Zeitumstellung und die Hitze draußen gewöhnt.

In der zweiten Woche hat es dann fast jeden Tag am Nachmittag sehr stark geregnet, aber es blieb heiß. Zum Glück gab es viele interessante Museen. In der U-Bahn, den Einkaufszentren und im Kino war es uns oft viel zu kalt! Die Singapurer finden das aber nicht. Besonders am Wochenende gehen sie gerne in die Einkaufszentren, weil es da nicht so heiß ist. An die Kälte in den Gebäuden konnten wir uns aber nicht so schnell gewöhnen. Es stimmt wirklich, dass es in Singapur zwei Klimazonen gibt: drinnen und draußen!

c) Ordnen Sie die Sätze und ergänzen Sie passende Präpositionen.

1. Zeit – du – Montag – 14 Uhr – hast – ?

   Hast du am ……

2. ihr – nächsten – was – macht – Wochenende – ?

   ……

3. UN – ihren – 2007 – veröffentlichte – Klimareport – Januar – die – .

   ……

4. der – wird – regnen – es – Nacht – .

   ……

5. Jahr – wir – 29. Kalenderwoche – machen – Urlaub – der – nächstes – .

   ……

4 Zeitungsmeldungen lesen und verstehen. Suchen Sie die Begriffe in den Texten und markieren Sie die dazugehörigen Partizipien. Dann ergänzen Sie die Sätze.

1. Das Hochwasser hat Schäden angerichtet.
2. Die Ampeln in der Innenstadt sind ……
3. Viele Stromleitungen sind ……
4. Die Polizei hat ……
5. Die Bahn hat ……
6. Viele Bäume sind ……

Berlin. Die durch das Hochwasser angerichteten Schäden werden von den Versicherungen auf mindestens 6,5 Millionen Euro geschätzt.
a

Frankfurt. Gestern kam es während der Hauptverkehrszeit an mehreren Kreuzungen in der Innenstadt zu Verkehrsbehinderungen durch ausgefallene Ampeln.
b

München. Nach dem Sturm wurden bei der Polizei und Feuerwehr viele abgerissene Stromleitungen gemeldet. Besonders im Westen der Stadt waren ganze Straßen stundenlang ohne Strom.
c

Hamburg. Alle von der örtlichen Polizei wegen der Unwetterwarnung gesperrten Straßen und Brücken wurden am Vormittag wieder für den Verkehr geöffnet.
d

Köln. Der wegen großer Hitze von der deutschen Bahn eingestellte Schienenverkehr wurde gestern Abend wieder aufgenommen. Wie ein Sprecher der Bahn mitteilte …
e

Norden. Der Eisregen verursachte im Norden große Schäden. Die Feuerwehr war in der Nacht pausenlos im Einsatz und musste viele umgestürzte Bäume von den Straßen und aus privaten Gärten entfernen.
f

5 Zukunft oder Gegenwart?

a) Lesen Sie die Sätze und ordnen Sie zu.

a) Präsens – **b)** Futur: *werden* und Infinitiv – **c)** Präsens mit Zeitangabe

1. *c* Ich fahre morgen nach Düsseldorf.
2. ▇ Wir spielen oft im Verein Tennis.
3. ▇ Wirst du auch zur Party kommen?
4. ▇ Montag habe ich keine Zeit, aber wir können uns am Dienstag treffen.
5. ▇ Ihr werdet euch noch wundern!
6. ▇ Ich lerne an der Volkshochschule Russisch.
7. ▇ Nächstes Jahr fahre ich mit meiner Freundin nach China.
8. ▇ Peter wird schon bald wieder gesund sein.

b) Zukunft. Ergänzen Sie die Regel.

Regel Wenn man über die Zukunft spricht, kann man entweder das .... oder das .... mit Zeitangabe (*bald, morgen, im nächsten Jahr* etc.) benutzen.

6 Prognosen machen und begründen.

Eine Ursache, viele Folgen. Sehen Sie sich die Grafik an und wählen Sie eine Ursachenkette aus. Schreiben Sie in Ihrem Heft Sätze wie im Beispiel. Benutzen Sie *weil, darum, deshalb* und *deswegen*.

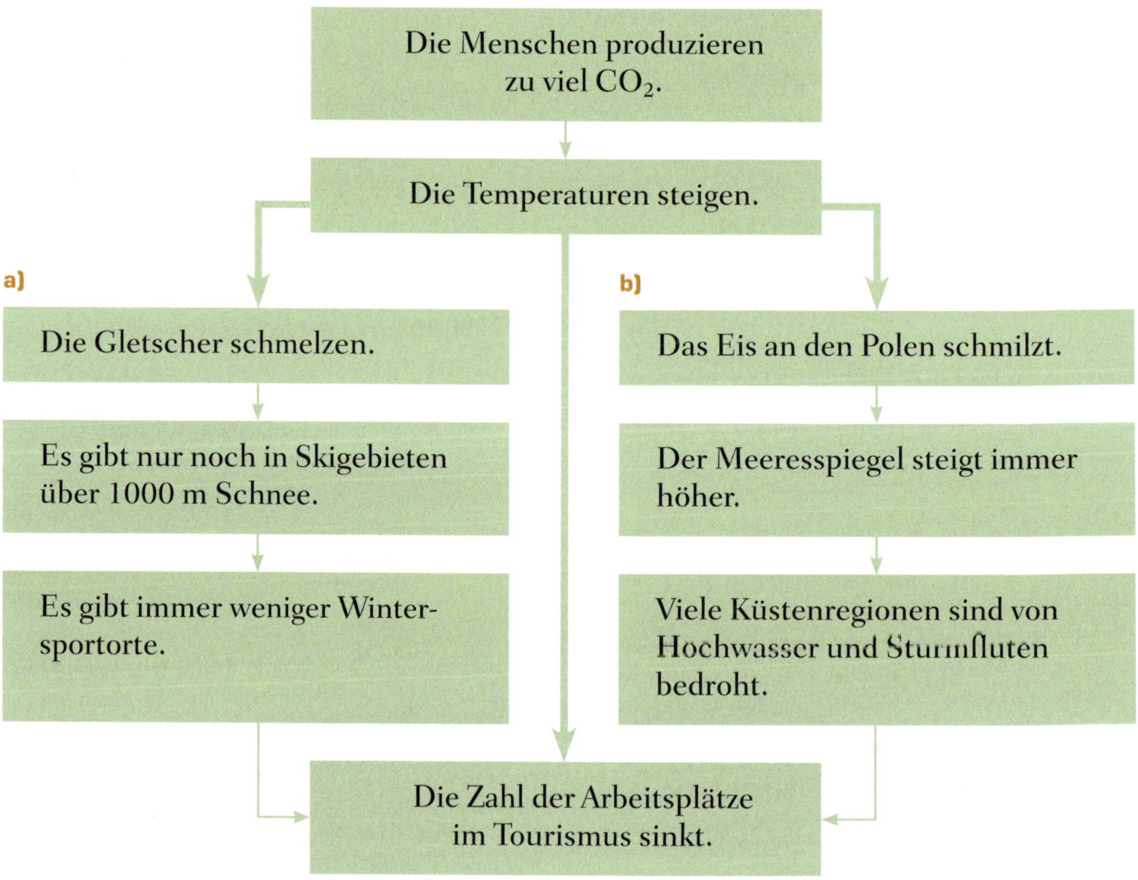

Weil die Menschen zu viel CO_2 produzieren, steigen die Temperaturen.
Die Temperaturen steigen, deswegen schmelzen die Gletscher.
Weil die Gletscher schmelzen, ...

7 **Warum? Sich entschuldigen mit *wegen* + Genitiv.** Schreiben Sie Entschuldigungen wie im Beispiel.

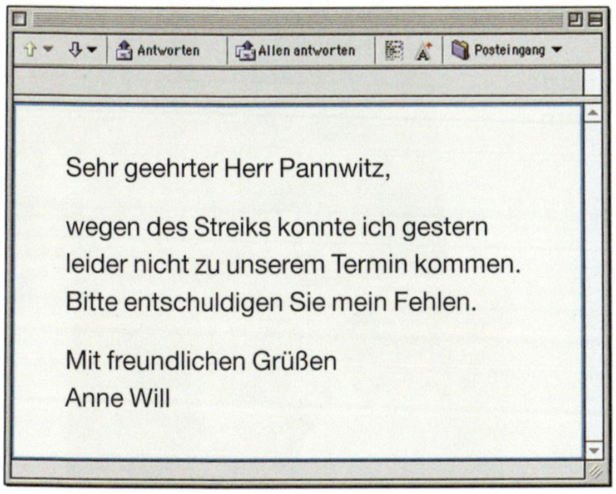

Sehr geehrter Herr Pannwitz,

wegen des Streiks konnte ich gestern leider nicht zu unserem Termin kommen. Bitte entschuldigen Sie mein Fehlen.

Mit freundlichen Grüßen
Anne Will

8 **Doppelkonjunktionen**

a) *je* ..., *desto* ... Beenden Sie die Sätze.

~~CO_2 produzieren~~ – es ist besser für die Gesundheit – Geld für Strom ausgeben – Plastiktüten verbrauchen

1. Je öfter Sie mit öffentlichen Verkehrsmitteln fahren,
   desto weniger CO_2 produzieren Sie. ....
2. Je öfter Sie eine Tasche zum Einkaufen mitnehmen,
   desto weniger ....
3. Je öfter Sie mit dem Fahrrad zum Einkaufen fahren,
   ....
4. Je öfter Sie das Licht ausschalten, wenn Sie einen Raum verlassen,
   ....

Weissagung der Cree

b) Was sollte man tun? Was ist umweltfreundlicher? Schreiben Sie Sätze mit *nicht (kein) ..., sondern ...*

1. alte Bücher – wegwerfen – auf dem Flohmarkt verkaufen
2. wichtige Dokumente – ausdrucken – elektronisch speichern
3. exotisches Obst – kaufen – Obst aus der Region
4. mit dem Auto – in die Stadt fahren – mit dem Bus
5. Limonade aus Dosen – trinken – aus Flaschen
6. Wäsche trocknen – mit dem Wäschetrockner – draußen auf der Leine

Man sollte alte Bücher nicht wegwerfen, sondern auf dem Flohmarkt verkaufen.

7 Peinlich? Peinlich!

1 Ganz schön peinlich!

a) Lesen Sie den Text und bringen Sie die Bilder in die richtige Reihenfolge.

Meinem Kollegen ist letzte Woche etwas total Peinliches passiert, als er gemütlich in einem Café die Zeitung lesen wollte. Er suchte sich einen freien Tisch aus, bestellte eine Tasse Kaffee und ein Stück Kuchen und ging dann auf die Toilette. Aber als er etwas später an seinen Tisch zurückkam, saß dort schon eine ältere Dame. Sie las in aller Ruhe seine Zeitung, trank seinen Kaffee und aß seinen Kuchen. Mein Kollege konnte nicht glauben, was er sah. So eine Unverschämtheit!

a) ☐

b) ☐

c) 1

d) ☐

e) ☐

b) Welches peinliche Ende passt zu dem Text und den Fotos aus Aufgabe a)?

1. Er rief die Kellnerin. Sie erklärte ihm, dass die Frau jeden Nachmittag nach 14 Uhr an diesem Tisch saß. Deshalb hatte sie seine Sachen einfach auf einen anderen Tisch gestellt und der Dame „ihren“ Tisch frei gemacht. Weil mein Kollege auf der Toilette war, konnte sie ihn nicht fragen. Er verstand die Situation und setzte sich an den anderen Tisch. Aber er gab der Kellnerin kein Trinkgeld.

2. Als er sich bei der Dame beschweren wollte, kam die Kellnerin mit seiner Bestellung an den Tisch. Mein Kollege setzte sich. Obwohl er das Gesicht der Frau vor sich nicht sehen konnte, hatte er das komische Gefühl, dass er sie kannte. Ohne ein Wort zu sagen, trank er seinen Kaffee. Als er die Kette der Frau sah, erinnerte er sich plötzlich. Vor ihm saß eine alte Freundin seiner Mutter! Sie hatte ihn gesehen, als er in das Café ging, und wollte ihn überraschen.

3. Er überlegte einen Moment und fragte die Dame: „Warum bestellen Sie sich nicht selbst einen Kaffee und ein Stück Kuchen?“ Die Frau sah ihn jetzt sehr überrascht an. In dem Moment merkte er, dass er einen Fehler gemacht hatte. Auf dem Nachbartisch lag seine Zeitung neben einer Tasse Kaffee und einem Stück Kuchen. Er war am falschen Tisch!

2 **Wie würden Sie reagieren?** Was ist besser? Kreuzen Sie an.

1

a) Das ist nicht mein Problem!
b) Das tut mir furchtbar leid! Ist das peinlich!

2

a) Oh, ich habe vergessen, es auszuschalten. Entschuldigung.
b) Nicht schon wieder! Das Telefon klingelt den ganzen Tag!

3

a) Ach, das ist doch kein Problem. Ich bringe den Brief zur Post, wenn ich nach Hause gehe.
b) Oh, den habe ich ganz vergessen. Ich gehe gleich zur Post.

4

a) Hey – das ist mein Koffer!
b) Entschuldigung, das ist eine Verwechslung. Das ist mein Gepäck.

3 **Kleiner Tischkultur-Knigge**

a) Was glauben Sie? Wer benimmt sich falsch? Suchen und markieren Sie die acht Fehler.

b) Lesen Sie den Text und markieren Sie die Sätze, die die Fehler im Bild aus Aufgabe a) beschreiben.

Gutes Benehmen bei Tisch

Wie in vielen Kulturen hat das Essen und Trinken in Gesellschaft auch in Deutschland, Österreich und der Schweiz Tradition. Daher haben sich gerade in diesem Bereich viele Regeln entwickelt, die man kennen sollte.

Nachdem man sich an seinen Platz gesetzt hat, legt man sich zum Beispiel die Serviette gleich auf die Hose oder den Rock. Man wartet also nicht, bis das Essen auf dem Tisch steht. Auf keinen Fall sollten Sie sich die Serviette um den Hals binden oder in den Kragen stecken. Wenn Sie während des Essens einmal aufstehen müssen, legen Sie die Serviette auf den Stuhl. Denn wenn Sie die Serviette auf den Tisch legen, heißt das, dass Sie Ihr Essen beendet haben.

Zur guten Tischkultur gehört aber nicht nur der richtige Gebrauch von Besteck und Gläsern, sondern auch die korrekte Sitzhaltung. Man sollte auf jeden Fall mit geradem Rücken auf dem Stuhl sitzen. Die Beine stehen parallel zueinander, und die Füße bleiben ruhig. Auch wenn Sie unbequeme Schuhe tragen, dürfen Sie sie nicht ausziehen. Man sollte auch auf keinen Fall die Ellenbogen auf den Tisch stellen. Nur die Hände liegen auf dem Tisch. Die Finger spielen nicht nervös mit dem Brot, den Blumen oder der Kerze und man gestikuliert auch nicht mit dem Besteck in der Hand. Achten Sie darauf, Ihrem Tischnachbarn keinen Platz wegzunehmen und Ihre Ellenbogen immer unten zu lassen.

Das Essen führt man mit der Gabel oder dem Löffel zum Mund. Während Sie mit dem Löffel Suppe essen, liegt Ihre linke Hand neben Ihrem Teller auf dem Tisch. Das Messer wird nur zum Schneiden benutzt. Man schneidet vom Fleisch ein kleines Stück ab und isst es gleich. Legen Sie Messer und Gabel nur kurz auf den Tellerrand, wenn Sie etwas trinken möchten.

4 Eine Einladung. **Schreiben Sie die Ratschläge mit *sollen* wie im Beispiel.**

1. ■ Ich bin heute Abend bei meiner Chefin zu einer Grillparty eingeladen und weiß nicht, was ich anziehen soll. ◆ Zieh auf keinen Fall einen Anzug an.

   Du solltest auf keinen Fall einen Anzug anziehen.

2. ■ Und was soll ich ihr mitbringen, vielleicht eine Flasche Whisky? ◆ Das würde ich nicht machen. Bring ihr lieber Wein oder Blumen mit.

   Lieber nicht. Du solltest

3. ■ Ich glaube, sie weiß nicht, dass ich Vegetarier bin. ◆ Dann sag ihr doch einfach, dass du kein Fleisch isst.

   ....

4. ■ Die anderen Gäste kenne ich alle nicht. ◆ Mach dir nicht so viele Gedanken und setz dich nicht gleich alleine in eine Ecke.

   ....

   ....

5. ■ Eigentlich habe ich gar keine Lust auf die Party. ◆ Wenn du die Einladung schon angenommen hast, kannst du jetzt nicht mehr absagen.

   ....

5 Gegensätze mit *obwohl* ausdrücken

a) Ordnen Sie die Bilder den passenden Aussagen zu.

1. ▢ In Deutschland ist das Rauchen in Restaurants verboten.
2. ▢ Auf der Baustelle muss man einen Helm tragen.
3. ▢ Man soll in Krankenhäusern leise sein.
4. ▢ Man soll in dieser Straße langsam fahren.
5. ▢ Man soll keine schweren Sachen auf den Kopierer stellen.

b) Ergänzen Sie nun die Nebensätze mit *obwohl*.

1. Obwohl man in dieser Straße langsam fahren soll ...., fahren viele zu schnell.
2. ....,
   macht er sich eine Zigarette an.
3. ....,
   tragen die Bauarbeiter keinen.
4. ....,
   unterhalten sich die Besucher laut auf dem Flur.
5. ....,
   steht ein großes Paket auf dem Gerät.

6 Verstehen Sie „Schildersprache"? Ergänzen Sie die Verben.

1. Nur Personen, die in der Firma ...., dürfen den Raum betreten.
2. Das Schild warnt vor einem Hund, der frei auf dem Gelände ....
3. Hier soll man auf Kinder achten, die auf der Straße ....
4. Wer sein Auto hier ...., muss die Kosten für den Abschleppdienst bezahlen.
5. Das Schild warnt vor Gegenständen, die vom Dach .... könnten.
6. Während sie ...., darf an diesen Maschinen nicht gearbeitet werden.

7 Doppelkonjunktionen. *Weder … noch* oder *nicht nur …, sondern auch …*? Schreiben Sie Sätze wie in den Beispielen.

Fußball/Tennis – Hosen/Röcke – Eis/Kuchen – Fleisch/Fisch – Asien/Australien – Geld/Kreditkarten – Schwester/Bruder (2x) – Fernseher/Computer

1. Ich habe keine Geschwister.
   Ich habe weder eine Schwester noch einen Bruder.
2. Ich habe zwei Geschwister. Max und Marie sind Zwillinge.
   Ich habe nicht nur einen Bruder, ……
3. Meine Freundin ist schon seit fünf Jahren Vegetarierin.
   Sie isst ……
4. Peter liebt Süßes und bestellt im Restaurant Nachtisch.
   Er bestellt ……
5. Herr Münte und sein Sohn Martin sind im Sportverein sehr aktiv.
   Sie spielen ……
6. Gül packt ihren Koffer für eine Geschäftsreise.
   Sie nimmt …… *mit.*
7. Frau Ritter kann nicht bezahlen, weil sie ihr Portemonnaie nicht finden kann.
   Sie hat ……
8. Elisabeth fliegt nicht gerne lange. Bis jetzt hat sie immer in Europa Urlaub gemacht.
   Sie war ……
9. Meine Eltern leben wie vor 50 Jahren.
   Sie haben ……

8 Die Jugend von heute …

a) Lesen Sie den Text und ordnen Sie die Überschriften den Abschnitten zu.

1 *Auch wir waren mal jung*

2 *Die Älteren: immer mit gutem Beispiel voran?*

3 *Die Jugend von heute ist schrecklich*

4 *Nicht alle Jugendlichen sind gleich*

Diese Jugend von heute!?

„In meiner Jugend hätte es das nicht gegeben!“ So oder so ähnlich werden junge Leute oft für ihr Benehmen kritisiert. Viele meinen, die Jugend von heute tut nicht mehr, was die Eltern sagen, hat keinen Respekt vor dem Alter, ist laut und unhöflich. Sie macht, was sie will, hört schreckliche Musik, trägt unmögliche Haarfrisuren und ist schlecht angezogen. Die Liste negativer Meinungen ist oft noch viel länger.

Aber stimmt das wirklich? Wenn man sich junge Leute heute in der Öffentlichkeit ansieht, dann findet man sicher schnell viele Beispiele für schlechtes Benehmen. Im Park stellen sie ihre Füße auf die Parkbank und in der Bahn legen sie sie einfach auf die andere Sitzbank. Viele hören auch mit ihrem MP3-Spieler so laut Musik, dass sich andere darüber ärgern. Aber wenn sie sich gut benehmen, wird darüber selten gesprochen. Gutes Benehmen fällt einfach nicht so stark auf wie schlechtes Benehmen. Ich kenne jedenfalls auch viele junge Leute, die höflich und nett sind, anderen ihre Hilfe anbieten und ordentlich auf ihrem Platz sitzen. Und vielleicht ist es ja auch gut, dass die Jugend immer etwas anders ist als ihre Eltern und Großeltern, denn unsere Gesellschaft lebt von Veränderungen.

Als ich jung war, hörten wir auch oft Kommentare wie „Das hätte es in meiner Jugend nicht gegeben …“ Damals, das war in den 60er Jahren, hörten wir ‚wilde‘ Musik von den Beatles, junge Männer hatten plötzlich lange Haare und Frauen trugen auch Hosen. In meiner Schule war das zum Beispiel nicht erlaubt. Deshalb versteckten die Schüler ihre Haare unter Mützen und die Schülerinnen mussten sogar einen Rock über der Hose anziehen! Irgendwann war das dann aber nicht mehr nötig, weil man sich an die neue Mode gewöhnt hatte.

Und wie sieht es eigentlich mit dem Benehmen älterer Menschen aus? Ist Ihnen auch schon einmal aufgefallen, dass manche ältere Menschen schon in den Bus einsteigen, obwohl noch nicht alle ausgestiegen sind? Oder haben Sie vielleicht auch schon einmal beobachtet, dass eine ältere Frau von ihrem Sitz aufgestanden ist, weil sie nicht neben einer Ausländerin sitzen wollte? Oder dass eine Gruppe älterer Menschen sich im Treppenhaus unterhält und dabei die ganze Treppe blockiert? Warum sagt dann eigentlich keiner „Diese Alten von heute!“?

Susanna Moormann

b) Lesen Sie zwischen den Zeilen! Welchen Aussagen würde die Autorin zustimmen? Welchen nicht? Kreuzen Sie an.

		ja	nein
1.	Ich habe Verständnis für die Jugend von heute. Als ich jung war, habe ich auch nicht alles gemacht, was meine Eltern wollten.	☐	☐
2.	Ich finde es völlig in Ordnung, dass man einfach seine Füße im Bus oder in der Bahn auf den Sitz legt. Das mache ich auch manchmal.	☐	☐
3.	Ich glaube, die Jugend muss sich stärker am Verhalten der Älteren orientieren und sich anpassen.	☐	☐
4.	Ich mag die Musik, die die jungen Leute heute hören, nicht. Das finde ich ganz normal. Meinen Eltern war unsere Musik auch zu laut und wild!	☐	☐
5.	Ich bin der Meinung, dass ältere Menschen ein Recht haben, sich schlecht zu benehmen.	☐	☐
6.	Man sollte wirklich mehr über die guten Seiten der Jugend sprechen und darf auch manchmal das Benehmen der Älteren kritisieren.	☐	☐

8 Generationen

1 Wertewandel im Lebensverlauf

a) Welchen „Wert" finden Sie am wichtigsten? Was verbinden Sie damit? Machen Sie ein Wörternetz.

finanzielle Unabhängigkeit – Familie und Partnerschaft – sichere Zukunft – Kinder haben – Erfolg im Beruf

b) Sehen Sie sich die Grafik an und ergänzen Sie die Aussagen.

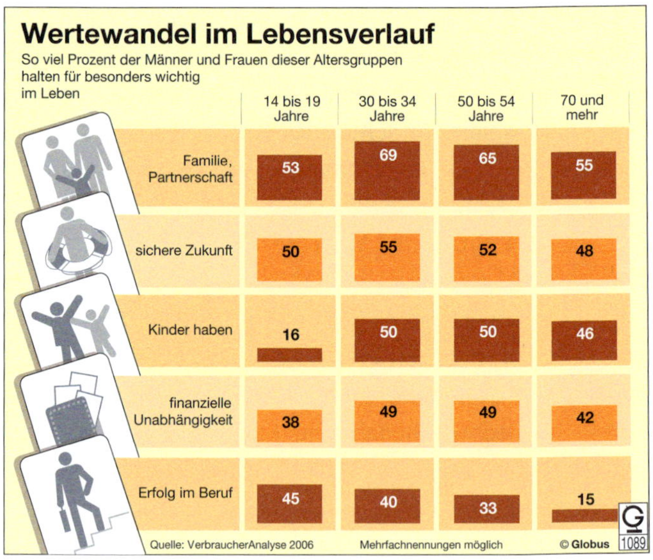

Wertewandel im Lebensverlauf

So viel Prozent der Männer und Frauen dieser Altersgruppen halten für besonders wichtig im Leben

	14 bis 19 Jahre	30 bis 34 Jahre	50 bis 54 Jahre	70 und mehr
Familie, Partnerschaft	53	69	65	55
sichere Zukunft	50	55	52	48
Kinder haben	16	50	50	46
finanzielle Unabhängigkeit	38	49	49	42
Erfolg im Beruf	45	40	33	15

Quelle: VerbraucherAnalyse 2006 Mehrfachnennungen möglich © Globus 1089

1. Nur die Gruppe der ....-Jährigen findet Erfolg im Beruf und finanzielle Unabhängigkeit wichtiger als Kinder.
2. Für alle Altersgruppen stehen .... an erster Stelle.
3. Je älter man wird, desto weniger wichtig wird ....
4. Jeder zweite aus der Gruppe der 30–54-Jährigen hält .... für besonders wichtig.
5. Interessant ist, dass die Reihenfolge der Werte ab dem Alter von .... Jahren in allen Gruppen gleich ist.

2 Lebensabschnitte

a) Welches Verb passt? Ordnen Sie zu.

suchen – gehen – lernen – bauen – machen

1. Hausaufgaben *machen*
2. einen Ausbildungsplatz ....
3. in Rente ....
4. einen Mittagsschlaf ....
5. Lesen und Schreiben ....
6. auf Partys ....
7. ein Haus ....
8. den Führerschein ....
9. einen Lebenspartner ....
10. zur Arbeit ....

b) Was macht man normalerweise wann? Ordnen Sie die Tätigkeiten aus Aufgabe a) den drei Lebensabschnitten zu.

Kindheit und Jugend	mittleres Alter	Alter
Lesen und		

c) Nennen Sie weitere Tätigkeiten und ergänzen Sie die Tabelle.

3 Der kleine König Dezember – eine Buchempfehlung. Lesen Sie den Text.

Das Buch „Der kleine König Dezember“ von Axel Hacke berichtet von den Begegnungen und Gesprächen mit dem kleinen König Dezember II. Er stand eines Tages plötzlich im Zimmer des erstaunten Erzählers und aß ein Gummibärchen. Er war zu der Zeit nicht größer als ein Finger und erzählte, dass in seiner Welt hinter dem Bücherregal alles ganz anders ist. Man wird zum Beispiel groß geboren und dann kleiner und immer kleiner, bis man eines Morgens im Bett nicht mehr zu finden ist. Man kann am Anfang des Lebens schon lesen, schreiben, zur Arbeit gehen, Computer programmieren und zu Geschäftsessen gehen. Je kleiner man wird, desto mehr vergisst man davon. Der Kopf wird leer und es gibt mehr Platz darin. Wenn einer nicht mehr zu Geschäftsessen gehen kann, muss er nicht mehr ins Büro kommen. Er darf dann zu Hause bleiben und im Garten die Schatten für Gespenster halten, den Wolken Namen geben und seinen Teddybären anschreien. Die Großen müssen für ihn kochen und danach darf er wieder spielen gehen. Die Kindheit liegt am Ende des Lebens. Man hat etwas, worauf man sich freuen kann.

a) Welche Aussagen sind richtig? Kreuzen Sie an.

1. ☐ Axel Hacke ist „der kleine König Dezember“.
2. ☐ Eines Tages steht der kleine König in Axel Hackes Zimmer.
3. ☐ Die Welt des kleinen Königs ist unter dem Schreibtisch versteckt.
4. ☐ Sie unterscheidet sich sehr von der Welt des Erzählers.
5. ☐ Im Land des kleinen Königs wird man erwachsen geboren und wird jeden Tag etwas jünger.
6. ☐ Die Kindheit erlebt man dort mit 20 Jahren.
7. ☐ Am Ende des Lebens kann man im Land des kleinen Königs die Dinge tun, die die Menschen als Kinder machen.

b) Korrigieren Sie die falschen Aussagen.

4 Vom Größer- und Kleinerwerden

a) Lesen Sie einen Text aus dem Buch. Was wird größer, was kleiner?

Die Fantasie …
Das Wissen …

[…] „Ich glaube, es stimmt gar nicht, dass ihr größer werdet. Ich glaube, es sieht nur so aus.“, sagte der kleine König. „Wie kommst du denn darauf?“, fragte ich. „Ich glaube, ihr fangt auch ganz groß an, wenn es stimmt, was du mir erzählst. Also, ich stelle es mir so vor. Ihr habt alle Möglichkeiten und jeden Tag werden euch ein paar davon weggenommen. Ihr habt eine große Fantasie[1], wenn ihr klein seid, aber ihr wisst ganz wenig. Weil das so ist, müsst ihr euch alles vorstellen. Ihr müsst euch vorstellen, wie das Licht in die Lampe kommt und das Bild in den Fernseher und ihr stellt euch vor, wie die Zwerge[2] unter den Baumwurzeln[3] leben und wie es ist, auf der Hand eines Riesen[4] zu stehen. Und dann werdet ihr größer und die noch Größeren erklären euch, wie eine Lampe funktioniert und ein Fernsehapparat. Dann lernt ihr, dass es keine Zwerge gibt und keine Riesen. Eure Vorstellungen werden immer kleiner und euer Wissen immer größer. Ist das richtig?“ „Ja. Aber es ist auch nicht schlecht, wenn man wächst und lernt und die Welt versteht und …“ „Ja, älter werdet ihr! Am Anfang wolltet ihr noch Feuerwehrmänner werden oder ganz was anderes. Und eines Tages seid ihr dann Feuerwehrmänner und Krankenschwestern, und ganz was anderes könnt ihr dann nicht mehr werden. Dazu ist es zu spät. Das ist doch auch ein Kleinerwerden, stimmt das?“ „Ja“, musste ich zugeben. „Aber nicht ein so schönes wie bei uns. Tut mir leid für dich. Naja, ich meine, für euch alle natürlich“, meinte der kleine König. […]

1 Fantasie – Wenn man sich vieles (auch, was es nicht gibt) denken und vorstellen kann, hat man viel Fantasie.
2 Zwerge – Ganz kleine Fantasiegestalten, die unter der Erde leben.
3 Baumwurzel – Die Baumwurzeln sind in der Erde. Sie sind die „Füße“ der Bäume und holen das Wasser aus dem Boden.
4 Riesen – Sehr, sehr große Fantasiegestalten, die wie die Zwerge in Märchen auftreten.

b) Welche Textzeilen passen zu den folgenden Aussagen? Notieren Sie die Zeilen.

1. Der kleine König meint, dass die Menschen in Wirklichkeit gar nicht größer werden. — Zeilen ....
2. Kinder wissen noch nicht viel. Deshalb denken sie sich viel aus. — Zeilen ....
3. Dann lernen die Kinder immer mehr, aber sie können sich immer weniger ausdenken. — Zeilen ....
4. Der Erzähler findet es gut, dass man immer mehr lernt. — Zeilen ....
5. Als Erwachsener hat man nicht mehr alle Möglichkeiten. — Zeilen ....
6. Deshalb ist das Älterwerden der Menschen auch ein Kleinerwerden. — Zeilen ....
7. Der kleine König hat Mitleid mit den Menschen. — Zeilen ....

5 Plusquamperfekt oder Präteritum?

a) Sehen Sie sich die unterstrichenen Satzteile an und kreuzen Sie an.

	Plusquamperfekt	Präteritum
1. Als wir heirateten, hatte meine Frau ihr Medizinstudium gerade beendet.	■	■
2. Als wir unseren Sohn bekamen, war meine Frau schon Ärztin.	■	■
3. Nachdem sie ihre Praxis eröffnet hatte, zogen wir in die neue Wohnung um.	■	■
4. Als unser Sohn zur Schule ging, hatte ich vormittags Zeit zum Putzen, Wäschewaschen, Aufräumen und Einkaufen.	■	■
5. Wenn er mittags nach Hause kam, hatte ich das Essen immer schon gekocht.	■	■
6. Nachdem wir gegessen hatten, las ich die Zeitung und er machte Hausaufgaben.	■	■
7. Als mir das alles zu langweilig geworden war, begann ich eine zweite Ausbildung.	■	■
8. Nachdem ich die Ausbildung abgeschlossen hatte, half ich meiner Frau in der Praxis.	■	■

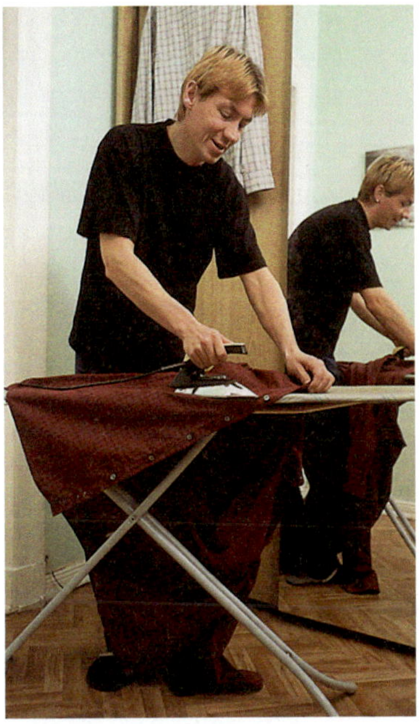

b) Was passierte zuerst, was danach? Ordnen Sie die Angaben mit Hilfe der Informationen aus den Sätzen 1–8.

a) ■ Ich machte eine zweite Ausbildung.
b) ■ Sie war Ärztin.
c) ■ Wir zogen um.
d) ■ Wir bekamen unseren Sohn.
e) ■ Das Leben wurde mir zu langweilig.
f) ■ Wir heirateten.
g) ■ Meine Frau eröffnete die Praxis.
h) ■ Ich arbeitete in der Praxis meiner Frau.
i) 1 Meine Frau beendete ihr Studium.
j) ■ Unser Sohn ging in die Schule.

6 Was passierte zuerst, was danach?

a) Ergänzen Sie die Sätze. Achten Sie auf Präteritum und Plusquamperfekt.

meine Mutter ruft an → ich telefoniere mit ihr → ich schneide das Gemüse → ich mache den Herd an → niemand steht vor der Tür → ich gehe ins Treppenhaus → ich rufe den Schlüsseldienst an

1. Als ich endlich ein gutes Buch gefunden hatte, *rief meine Mutter an.*
2. Nachdem ...., hatte ich Hunger.
3. ...., nachdem ich kurz auf den Markt gegangen war.
4. Aber als ...., klopfte es an meiner Wohnungstür.
5. Nachdem ich aufgemacht hatte, ...
6. Ich hörte, wie die Tür hinter mir ins Schloss fiel, nachdem ....
7. Nachdem ...., musste ich eine Viertelstunde warten. Und das Wasser kochte!

b) Schreiben Sie die Geschichte weiter.

Mein Mann kommt.

Ich bekomme einen Schreck.

Kurz nachdem

7 Seit wann ...? Fragen Sie mit *denn* nach und ordnen Sie passende Antworten zu.

Er hat in einem Kurs kochen gelernt. – Wir waren zusammen im Deutschkurs. – Wir haben das Haus gekauft. – Mein Freund studiert in Peking. – Ich wurde gebissen.

1. Wir kennen uns schon lange.
2. Ich habe Angst vor Hunden.
3. Wir müssen sparen.
4. Ich interessiere mich für China.
5. Mein Opa kocht heute für mich.

1. + Seit wann kennt ihr euch denn schon?
– Seit wir zusammen im ...

8 Meine Großeltern. Ergänzen Sie Possessivartikel im Genitiv. Unten finden Sie Hilfe.

Das ist mein Großvater mit meiner Tochter. Die Geschichte ....[1] Lebens habe ich mir bestimmt schon hundert Mal angehört. Er spricht besonders oft über seine Geschwister und die Zeit ....[2] Kindheit. Das waren harte Zeiten, damals. Er sagt oft: „Ihr seid euch ....[3] Glücks gar nicht bewusst! Wir hatten oft Hunger und Angst. Abends haben wir manchmal das leise Weinen ....[4] Mutter gehört, wenn wieder lange kein Brief gekommen war." Als Opa ein Kind war, war Krieg, und sein Vater war viele Jahre in Russland.

Und das ist meine Großmutter. Kinder sind die größte Freude ....[5] Lebens und für uns ist sie der gute Geist ....[6] Familie. Wenn sie sich die alten Fotos ....[7] Kinder ansieht, wird sie manchmal ein bisschen traurig, weil alle so schnell erwachsen geworden sind. Sie sagt oft zu mir: „Genieß die Kindheit ....[8] Tochter. Du solltest mehr Zeit für sie haben und öfter mit ihr spielen!"

ihrer – ihrer – unserer – ihres – unserer – seines – eures – deiner

9 Kindheit – ein Fragebogen für Erwachsene

a) Ordnen Sie jeder Frage eine passende Antwort zu.

1. ■ Was war dein größter Wunsch?
2. ■ Was mochtest du gar nicht?
3. ■ Was wolltest du werden?
4. ■ Wovor hast du als Kind Angst gehabt?
5. ■ Welche Musik hast du damals gerne gehört?
6. ■ Was hast du als Kind am liebsten gegessen?
7. ■ Wen hättest du damals gerne kennen gelernt?

a) Als ich noch klein war, hätte ich gerne Superman getroffen.
b) Ich wollte unbedingt ein Pferd haben, aber meine Eltern waren dagegen.
c) Kinderlieder, besonders, wenn meine Oma sie für mich gesungen hat.
d) Ich fand Spaghetti mit Tomatensoße lecker. Das habe ich mir immer gewünscht.
e) Weil ich immer vom Fliegen geträumt habe, wollte ich natürlich Pilotin werden.
f) Ich fand es sehr unangenehm, wenn meine Tanten mir einen Kuss geben wollten.
g) Mein Vater war einmal ein paar Monate arbeitslos. Das war schrecklich und ich habe gedacht, dass es vielleicht immer so bleiben würde.

b) Und Sie? Beantworten Sie die Fragen aus Aufgabe a). Schreiben Sie auch, wie es heute ist.

1. Mein größter Wunsch war, einmal nach Disneyland zu fahren. Heute ist mein größter Wunsch, dass es meiner Familie gut geht.
2. Ich musste immer schon um sechs zu Hause sein. Das habe ich gehasst, denn ...
3. ...

10 Fitte Rentner

a) Was möchten die Rentner machen? Verbinden Sie.

Ich möchte endlich einen Computerkurs machen und **1**	**a** mir den Taj Mahal ansehen.
Ich möchte ein Haus auf dem Land kaufen und **2**	**b** dann eine Rundreise durch die USA machen.
Ich will nach Indien fahren und **3**	**c** meiner Enkelin in Buenos Aires E-Mails schreiben.
Ich will einen Tanzkurs machen und **4**	**d** meine Biografie schreiben.
Ich möchte Englisch lernen und **5**	**e** meine Frau mit einem Tango überraschen.
Ich möchte jeden Tag drei Stunden am Schreibtisch sitzen und **6**	**f** einen großen Garten haben.

b) Und Sie? Können Sie sich vorstellen, was Sie mal machen möchten, nachdem Sie in Rente gegangen sind? Schreiben Sie zwei Wünsche in Ihr Heft.

9 Migration

1 Menschen, die Brücken bauen

Sie sind Menschen, die in ein neues Land aufbrechen, aber die alte und die neue Heimat verbinden wollen. Sie sind offen für Neues, für andere Kulturen, andere Menschen, andere Geschichten – ohne ihre Identität und Kultur aufzugeben.

a) Überfliegen Sie die Texte. Welches Ende auf Seite 57 passt? Ordnen Sie zu. Ein Ende passt zu keinem Text. Welches?

Wafaa El Saddik: Museumsfrau mit ägyptischer Leidenschaft und deutscher Perfektion

15 Jahre lang hat Wafaa El Saddik mit ihrem Mann in Köln gelebt. Während dieser Zeit ging es der Ägyptologin aus Kairo wie der berühmten ägyptischen Büste der Nofretete in Berlin. Ihr ging es in Deutschland gut, aber ihr Zuhause war in Ägypten. Jahrelang hatten die Ägypter versucht, sie wieder in ihre Heimat zu holen. Erfolg hatte ein Kollege mit den Worten: „Du musst unser Ägyptisches Museum retten!" Seit 2004 ist sie nun Direktorin des weltberühmten Museums in Kairo. Und sie leitet es mit ihrer deutsch-ägyptischen Mentalität. ▇

1

Muhabbet: Der unbekannte Superstar Deutschlands

Es gibt Geschichten, die kann man kaum besser erfinden. Zum Beispiel die vom jungen Deutsch-Türken, der mit 17 von zu Hause auszieht, einen Kredit aufnimmt, in seiner Wohnung in Köln ein kleines Tonstudio aufbaut und Songs produziert. Seine Lieder stellt er ins Internet – und hat einen Millionenerfolg. Inzwischen steht Murat Ersin, 21, Künstlername Muhabbet, bei Sony unter Vertrag. Erst wenige deutsche Jugendliche kennen den jungen Mann, aber bei den jungen türkischstämmigen Frauen und Männern ist er ein Superstar. „R'n'Besk" nennt er seinen Musikstil, in dem er türkische Lieder mit Soul und Rhythm'n'Blues verbindet. ▇

2

Wan Gang: Ein Leben zwischen Deutschland und China

In Ingolstadt sei er als Herr Zhang bekannt, sagt Wan Gang lächelnd, denn das ist der Name seiner Frau, mit der er zehn Jahre dort lebte. Sie gab chinesische Mal- und Kochkurse und wurde so in der Stadt bekannt. In der deutsch-chinesischen Wirtschaft dagegen ist der Name Wan Gang vielen bekannt. Das liegt an seiner Karriere zwischen Deutschland und China. Als junger Ingenieur kam er 1985 aus Shanghai nach Deutschland und machte 1990 seinen Doktor. Bis zum Jahr 2000 arbeitete er bei Audi, um danach an der Tongji-Universität in Shanghai ein Institut für Kraftfahrzeugtechnik aufzubauen. Heute ist Wan Gang Präsident der Elite-Universität und Direktor des Chinesisch-Deutschen Hochschulkollegs. ▇

3

Die Melodien klingen orientalisch, die Texte sind aber alle auf Deutsch. Er verbindet die Traditionen seiner Eltern mit der Sprache seiner zweiten Heimat. Immer wieder fordert er seine Fans auf, es auch so zu machen: „Lernt Deutsch, geht in die Schule und macht etwas aus eurem Leben."

a

Fast jeden Monat ist er in Deutschland, um Vorträge vor Managern zu halten oder neue Partnerschaften zwischen Industrie und Forschung aufzubauen. Am liebsten kommt er jedoch zur Ferienzeit mit Frau und Tochter nach Deutschland. Denn den Urlaub verbringen sie regelmäßig in ihrem Haus in Neuburg an der Donau. Und dann spaziert „Herr Zhang" auch gerne mal durch Ingolstadt.

b

Und so reisen jedes Jahr über 2000 berühmte Gäste aus allen Kontinenten an, um sich über die dringendsten Probleme der Zeit auszutauschen. Israelis und Palästinenser, Nord- und Südkoreaner, Griechen und Türken saßen hier an einem Tisch. Der „Ideengeber" bleibt dabei im Hintergrund.

c

Sie lässt gründlich aufräumen, fordert viel Eigenverantwortung von ihren Mitarbeitern und präsentiert die Schätze des Landes mit ägyptischer Leidenschaft und deutscher Perfektion. Sicher ist es auch ihrem Einsatz zu verdanken, dass der Anteil ägyptischer Besucher in ihrem Museum in nur zwei Jahren von zwei auf 20 Prozent stieg. Inzwischen gibt es überall in Ägypten junge Fachleute, die alle für einen Studienaufenthalt nach Deutschland geschickt wurden.

d

b) Markieren Sie in den Texten die Informationen und ergänzen Sie die Tabelle in Ihrem Heft.

	Wafa El Saddik	Muhabbet	Wan Gang
1. in Deutschland von ... bis 2. Beruf 3. „Brückenland": Herkunft / seit ... in ...?			

c) Welche Aussagen sind richtig? Kreuzen Sie an.

1. Eine Ägypterin …
a) ■ … setzt ihr Wissen in Deutschland ein, um ein neues Museum aufzubauen.
b) ■ … geht in ihre Heimat zurück, um dort als Museumsleiterin zu arbeiten.

2. Ein Chinese …
a) ■ … baut seit zehn Jahren in Shanghai deutsche Autos für die Firma Audi.
b) ■ … ist in Deutschland und in China bekannt und fühlt sich in beiden Ländern wohl.

3. Ein Deutsch-Türke …
a) ■ … hat in Deutschland mit seinen türkischen Liedern leider keinen Erfolg.
b) ■ … ist in Deutschland fast nur bei den Deutsch-Türken bekannt.

4. Alle drei …
a) ■ … sind ein gutes Beispiel dafür, dass auch einzelne Menschen mit ihrem Einsatz und ihren Interessen Brücken zwischen verschiedenen Ländern und Kulturen bauen können.
b) ■ … haben ihre Heimat verlassen, um ihre Träume in Deutschland zu erfüllen.

2 **Wortschatz *Migration*.** Welche Wörter fallen Ihnen zu diesem Thema ein?

M

I

G

GASTA R BEITER

A

T

I

O

N

3 **Vor der Reise zum Familientreffen.** Schreiben Sie Sätze mit dem Verb *lassen*.

1. Meine Haare müssen geschnitten werden. / Meine Freundin Anastasia ist Frisörin.
   Ich lasse meine Haare von Anastasia schneiden.
2. Um die Ecke ist ein Reisebüro. / Sie buchen unsere Tickets sofort.
   Wir
3. Wir müssen ganz früh zum Flughafen. / Ali hat ein Auto und Zeit. Er bringt uns.
4. Ich brauche noch einen Stadtplan. / „Karten-Müller" schickt Bestellungen sofort ins Haus.
5. Ich müsste noch einen Kuchen als Geschenk backen. / Meine Oma backt besser.
6. Ich müsste noch einen Roman für die Reise kaufen. / Neben dem Büro meines Mannes ist eine Buchhandlung.
7. Oh Gott, ich muss noch packen! / Meine Mutter kann sehr gut Koffer packen.
8. Ich kann die schweren Koffer nicht tragen. / Mein Mann ist sehr stark.
9. Wir sollten Fotos machen, aber die Kamera ist kaputt. / Cousine Tina ist Fotografin.

Eigentlich habe ich nicht viel zu tun ☺!

4 Das Verb *lassen* in der Alltagssprache. Was bedeuten die Redewendungen? Ordnen Sie die Sätze zu.

a) Ich mache zwar eine Diät, aber ich trinke trotzdem jeden Abend noch ein Bier. – **b)** Ich brauche schnell eine gute Idee. – **c)** Ich muss mir noch etwas anderes anziehen. – **d)** Du sitzt ja nur noch auf dem Sofa! – **e)** Ich genieße das Leben. – **f)** So kann man mich nicht behandeln.

1 ___

2 ___

3 ___

4 ___

5 ___

6 ___

5 Wiederholung Passiv im Präteritum. Ergänzen Sie die fehlenden Verben.

nennen – stoppen – holen – erlauben – unterschreiben – gründen

1. 1961 ......*wurde*...... ein Vertrag über die Einwanderung von Arbeitskräften aus der Türkei von der Bundesrepublik Deutschland und der Türkei ....
2. In den folgenden Jahren .... viele Gastarbeiter aus der Türkei nach Deutschland ....
3. Ausländer, die in dieser Zeit zum Arbeiten nach Deutschland kamen, ... Gastarbeiter ....
4. Schon 1962 .... der erste Verein türkischer Arbeitnehmer in Köln und Umgebung ....
5. Wegen der Wirtschaftskrise .... die Einwanderung weiterer Arbeitskräfte aus der Türkei und anderen Ländern 1973 ....
6. Den direkten Familienangehörigen der Gastarbeiter .... auch nach 1973 die Einwanderung in die Bundesrepublik ....

6 **Passiversatzform *man*.** **Für Touristen und Einwanderer können deutsche Schilder ein Problem sein. Was soll *man* hier (nicht) machen?**

1. Man soll den Rasen nicht betreten und ....
2. ....
3. ....
4. ....
5. ....
6. ....

7 **Relativpronomen im Genitiv.** **Verbinden Sie die Sätze.**

1. Meine Nachbarin kommt aus Polen. Ich passe manchmal auf ihre Kinder auf.

   Meine Nachbarin, auf deren Kinder ich manchmal aufpasse, kommt aus Polen.

2. Herr Otte geht im Juli in Rente. Seine Kinder leben im Ausland.

   ....

3. Ruth ist aus Deutschland. Wir verstehen ihren Humor oft nicht.

   ....

4. Marko fühlt sich in Wien zu Hause. Seine Eltern kommen aus Belgrad.

   ....

5. Die Meiers reisen zum ersten Mal nach Indien. Ihr Sohn arbeitet in Delhi.

   ....

   ....

6. Mein Chef ist Japaner. Seine ganze Familie lebt in Düsseldorf.

   ....

7. Unsere Softwarefirma ist schon seit über zehn Jahren hier. Ihre Zentrale ist in Indien.

   ....

   ....

8 Neues Land – neues Glück? Ein Leserbrief

a) Lesen Sie den Leserbrief und sammeln Sie in der Tabelle positive und negative Aspekte zum Thema Migration.

☺	☹
neue Länder kennenlernen	enttäuschte Hoffnungen

Ihre Meinung ist uns wichtig – Leserbriefe

Sie singen in Ihrem Artikel vom 13.04.2008 ein Loblied auf die Vorteile der Migration. Sie schreiben, dass es toll ist, fremde Länder und Kulturen kennenzulernen. Junge Leute lernen eine neue Sprache, entdecken Unterschiede im gegenseitigen Umgang und erweitern so ihre Persönlichkeit. Das ist sicher richtig, wenn wir an Reisende denken, die für eine bestimmte Zeit ins Ausland gehen, wie z. B. Austauschschüler oder Studentinnen.

Aber viele Menschen müssen ihre Heimat für immer verlassen, weil sie sich dort nicht mehr sicher fühlen oder keine Arbeit finden können. Bei den meisten Migranten stehen religiöse oder politische Konflikte und finanzielle Unsicherheit am Anfang ihres Weges. Die Angst vor der Zukunft im eigenen Land ist dann oft größer als die Angst vor den Problemen, die bei der Einreise in ein anderes Land auf diese Menschen warten. Einmal im Ausland angekommen, werden die Hoffnungen auf ein besseres Leben aber häufig enttäuscht.

Wer nicht als Tourist, sondern als Einwanderer ohne eine qualifizierte, anerkannte Ausbildung und mit nur wenig Geld in ein fremdes Land kommt, ist nicht bei allen willkommen. Manchmal begegnet man ihm oder ihr mit Misstrauen, weil die Menschen oft Angst vor dem Unbekannten haben. Die andere Sprache, Kultur, Religion und andere Essgewohnheiten können zu Missverständnissen auf beiden Seiten führen.

Wer auf Vorurteile, Ängste und Probleme trifft, kann die Hoffnung auf ein gutes Zusammenleben schon bald verlieren. Deshalb ist Ihre Aufforderung zu einem lebendigen Austausch zwar gut gemeint, aber nicht immer leicht zu erfüllen. Denn in dieser Situation sucht wohl jeder Mensch, egal aus welchem Land er kommt, nach anderen Menschen aus seiner Heimat, bei denen er sich ein bisschen zu Hause fühlen kann.

Aber ich glaube auch, dass es für alle besser ist, wenn man dem neuen Land oder den neuen Nachbarn gegenüber neugierig bleibt. Dabei hilft es sehr, wenn man die Sprache des Ziellandes lernt. Dann ist es leichter, Kontakte aufzubauen und in der neuen Heimat Freunde zu finden. Erst durch die Menschen lernt man die neue Heimat wirklich kennen. Deshalb ist es wichtig, dass das Lernen der neuen Sprache auch vom Staat unterstützt wird.

Ich stimme Ihnen zu, dass die Migration ein Gewinn für alle sein kann und sollte. Aber die Probleme sollten auch gesehen werden. Nur dann kann man sie lösen!

Işkin Demir

b) Stimmen Sie dem Text zu? Was ist richtig? Was sehen Sie anders? Schreiben Sie einen Text mit mindestens fünf Sätzen.

10 Europa: Politik und mehr

1 **Herzlichen Glückwunsch!** Drei Europäer gratulieren der Europäischen Union zum 50. Geburtstag.

a) Worüber wird in den Briefen gesprochen? Kreuzen Sie an.

	Geschichte	Wirtschaft	Sicherheitspolitik	Migration	Reisen	Sprachen	Kulturen	Kindheit	Arbeit	Lebensmittel/Spezialitäten
Brief 1	▢	▢	▢	▢	▢	▢	▢	▢	▢	▢
Brief 2	▢	X	▢	▢	▢	▢	▢	▢	▢	▢
Brief 3	▢	▢	▢	▢	▢	▢	▢	▢	▢	▢

Liebe Europäische Union,

ich war drei Jahre alt, als der Zweite Weltkrieg begann und schon acht, als wieder Frieden war. Als Kind habe ich vom Krieg fast nichts gemerkt. Darüber habe ich erst später durch Erzählungen und aus Büchern mehr erfahren. So habe ich verstanden, wie wichtig es für mich ist, in Frieden und Freiheit zu leben – und das schon seit mehr als sechzig Jahren! In Westeuropa begannen die politischen Führer in den fünfziger Jahren des letzten Jahrhunderts, eine Gesellschaft des Dialogs aufzubauen, weil sie wussten, dass Einheit dem Frieden dient. Zum Dialog gehört auch, dass meine Enkel heute in der Schule z. B. Englisch, Französisch oder Spanisch lernen. In Europa leben heute auch viele Menschen, die ihre Heimat verlassen mussten, weil es für sie dort nicht mehr sicher war. Hoffen wir, dass hier bald alle wirklich friedlich zusammen leben können.

Herzlichen Glückwunsch und alles Gute für die Zukunft von Louis de Clerck aus Belgien!

1

Antworten | Allen antworten | Weiterleiten | Posteingang

Liebe Europäische Union,

ich danke dir für die Möglichkeiten, die du mir und meinen Mitbürgern aus Lettland seit 2004 eröffnest. Die Mitgliedschaft in der Europäischen Union zeigt sich nicht nur in der Arbeit von EU-Institutionen und in der Existenz eines wachsenden Binnenmarktes. Europa bedeutet für mich viel mehr! Da ist der wunderbare Kaffee in Rom, ein Urlaub am Mittelmeer in Spanien, mein Freund aus Riga, der jetzt in Kopenhagen lebt und arbeitet, Käse aus Holland, die Hektik in den Einkaufsstraßen in London, Walzertanzen in Wien … Du hörst nicht auf, mich jeden Tag zu überraschen. Vermutlich bin ich aber noch zu jung, um das Geheimnis deiner Mischung aus Einheit und Vielfalt ganz zu verstehen.

Herzlichen Glückwunsch zum Geburtstag von Girts Salmgriezis aus Lettland!

2

Liebe EU,

das Interrail-Ticket, das die Bundesbahn 1972 eingeführt hat, war die Fahrkarte meiner Generation nach Europa. Wir waren die Ersten, die im Europa der offenen Grenzen groß geworden sind. Während die europäische Einigung sich in der großen Politik entwickelte und du erstmals um drei neue Länder – Irland, Großbritannien und Dänemark – erweitert wurdest, haben wir Europa im Kleinen – Bahnhof für Bahnhof und Stadt für Stadt – entdeckt. Dadurch konnten wir andere Kulturen und neue Perspektiven kennen lernen. Die Offenheit, die wir unterwegs lernten, war für uns auch später im beruflichen Leben sehr hilfreich.

Ich meine, wir sollten mehr an die positiven Dinge denken, die dich in den letzten 50 Jahren nach vorne gebracht haben: Wir sollten optimistischer sein, nicht so viel Angst vor Risiken haben, anderen gegenüber offen und tolerant sein und den Mut haben, nicht nur deine schwachen, sondern auch deine starken Seiten zu sehen.

Alles Gute zum 50. von Günter Schwenker aus Deutschland!

3

b) 25, 50 oder 70 Jahre alt? Wie alt sind die Briefeschreiber?

Brief 1: .... – Brief 2: .... – Brief 3: ....

c) Lesen Sie die Briefe noch einmal. Zu welchen Personen passen die Aussagen am besten?

	Louis	Girts	Günter
1. Am wichtigsten ist, dass es zwischen den europäischen Staaten nie wieder Krieg gibt. Das wünsche ich den nächsten Generationen!	X		
2. Wegen des wachsenden Binnenmarkts war die Europäische Union schon Ende der 70er Jahre für meinen Start ins Berufsleben wichtig. Ich finde die Offenheit in Europa toll!			
3. Ich finde Europa toll, weil wir jetzt die Möglichkeit haben, auch ohne komplizierte Visumanträge in den westeuropäischen Ländern zu leben und zu arbeiten.			
4. Heute machen meine Kinder die Bahnreise durch Europa, die ich in den 70ern gemacht habe. Sie haben uns gerade eine Karte aus Athen geschickt.			
5. Meine Enkelin spricht Französisch, Niederländisch und Englisch. Ich wünschte, wir hätten in der Schule damals auch schon die Möglichkeit gehabt, zwei europäische Fremdsprachen zu lernen.			
6. Vielleicht bewerbe ich mich bald bei einer Firma in Österreich. Aber zuerst muss ich noch mehr Deutsch lernen.			
7. Nächstes Jahr ist meine Frau auch in Rente. Dann möchten wir eine Radtour von Prag nach Dresden machen.			
8. Wenn ich nur ein paar Jahre später geboren wäre, hätte ich sicher ein Schulaustauschjahr im Westen gemacht.			

2 Wie gut kennen Sie das politische Europa?

a) Im Wortgitter sind 13 Begriffe rund um Europa versteckt. Finden Sie alle?

K	G	H	A	U	M	E	A	R	D	E	E	L	A	B	S	E
O	E	A	F	Z	L	W	R	V	O	R	S	I	T	Z	W	A
M	S	U	R	V	U	P	F	I	E	O	O	H	E	A	K	U
M	A	S	B	I	N	S	T	I	T	U	T	I	O	N	A	S
I	R	H	U	P	X	B	O	I	N	S	T	T	A	A	L	S
S	L	A	N	I	P	A	R	L	A	M	E	N	T	B	V	E
S	Z	L	K	W	E	E	S	S	C	I	E	I	Z	S	A	N
I	N	T	E	G	R	A	T	I	O	N	I	R	S	G	H	P
O	N	O	S	U	M	N	P	R	A	I	N	K	O	F	L	O
N	G	R	E	C	H	T	S	S	Y	S	T	E	M	E	W	L
L	E	E	G	Y	B	P	W	U	E	T	U	L	G	S	E	I
I	S	L	P	R	A	E	S	I	D	E	N	T	K	Y	A	T
O	E	U	L	H	U	R	O	D	B	R	C	R	S	E	K	I
U	T	F	D	O	S	Z	E	N	T	R	A	L	B	A	N	K
L	Z	O	I	R	G	F	A	U	H	A	F	E	S	I	Z	E
N	E	F	G	G	E	R	I	C	H	T	S	H	O	F	A	L

ä hier AE / ß hier SS

b) Was passt wo? Ergänzen Sie die Sätze mit Wörtern aus dem Gitter. Wenn Sie Hilfe brauchen, lesen Sie die Texte auf Seite 172 im Kursbuch noch einmal. Haben Sie die *kursiven* Wörter im Gitter gefunden?

1. Der .... besteht aus einzelnen Ministern der Länder. Sie treffen zum Beispiel Entscheidungen in der *Außenpolitik*.
2. Der .... der Europäischen *Kommission* wird alle fünf Jahre vom Europäischen Rat bestimmt.
3. Für die europäische *Außenpolitik* sind viele neue .... notwendig.
4. Das Europäische .... kontrolliert den *Haushalt* der EU.
5. Die Europäische .... wird nicht von den nationalen Regierungen kontrolliert.
6. Die wichtigste .... der EU ist der Europarat. Alle sechs Monate übernimmt ein anderes Mitgliedsland den *Vorsitz*.
7. Der Europäische .... in Luxemburg ist für das europäische *Rechtssystem* zuständig.

3 Das ist Europa

a) Lesen Sie den Text und markieren Sie die Verben mit Präpositionen. Ergänzen Sie dann die Tabelle.

Im Jahr 1957 bestand die Europäische Gemeinschaft (EG) aus sechs Staaten. Neben Frankreich, Belgien, den Niederlanden, Luxemburg und Italien gehörte auch die Bundesrepublik Deutschland zu den Gründungsmitgliedern. Heute sind schon 27 Staaten in der EU, und andere Länder wie z. B. die Türkei bewerben sich weiterhin um die Mitgliedschaft.
In die EU investieren heißt für viele in die Zukunft investieren. Aber es gibt auch Kritiker, die z. B. sagen, dass die EU zu bürokratisch ist und immer teurer wird. Es gibt auch Probleme mit der Integration. Nicht alle Bürger in den Mitgliedsstaaten kommen mit ihren europäischen Mitbürgern gut aus.
Trotzdem kann man sagen, dass die EU in Europa auch zu mehr Frieden und Sicherheit beigetragen hat. Wenn heute ein Staat gegen die Gesetze verstößt, können sich die Nachbarstaaten an den Europäischen Gerichtshof wenden, der auf die Beschwerden reagiert. Er achtet auch darauf, dass die Gesetze von allen Mitgliedsstaaten eingehalten werden.

	Präposition	Akkusativ	Dativ
1. sich wenden	....	☐	☐
2. achten	....	☐	☐
3. bestehen	aus	☐	☒
4. gehören	....	☐	☐
5. verstoßen	....	☐	☐
6. investieren	....	☐	☐
7. sich bewerben	....	☐	☐
8. beitragen	....	☐	☐
9. reagieren	....	☐	☐
10. auskommen	....	☐	☐

! Hinweis

Vergleichen Sie Ihre Lösung mit der Liste der Verben mit Präpositionen auf den Seiten 240 und 241 im Kursbuch.

b) Ergänzen Sie passende Fragen mit Hilfe des Textes aus Aufgabe a).

1. Woraus ....?
Aus sechs Gründungsstaaten.

2. ....?
Um die Mitgliedschaft in der EU.

3. ....?
Mit der Integration.

4. ....?
Zu mehr Frieden und Sicherheit.

5. ....?
Auf die Einhaltung der Gesetze.

4 Über Politik sprechen. Verbinden Sie sechs Sätze und schreiben Sie den Text in Ihr Heft.

1. Bei uns in … spricht man	(nicht) oft/nie	Mitglied in einer Partei.
2. Ich interessiere mich auch/aber	nie/lange	über Politik.
3. Ich bin/war in (meiner Heimat)	(nicht) die wichtigsten	Ziele der Politik.
4. Meine Freunde finden es (auch)	(nicht/sehr) wichtig	mit den Bürgern sprechen.
5. Für mich sind Frieden und Sicherheit	nicht/sehr	für Politik.
6. Wenn ich Politiker(in) wäre, würde ich	mehr	, über Politik zu sprechen.
		…

Bei uns in … spricht man oft über Politik.

5 Jahrestage – Vorbereitungen zum 50. Hochzeitstag: *brauchen* + *zu* + Infinitiv. Antworten Sie negativ.

1. ■ Wir ziehen zur goldenen Hochzeit von Oma und Opa ein langes Kleid an.
   ◆ *Ihr braucht kein langes Kleid anzuziehen.* Oma trägt auch keins.
2. ■ Ich nehme meine Kamera mit, damit wir ein schönes Familienfoto machen können.
   ◆ ……………… Wir haben schon für nächsten Freitag einen Termin beim Fotografen gemacht.
3. ■ Wir backen zwei Torten.
   ◆ ……………… Die haben wir schon in der Bäckerei bestellt.
4. ■ Peter kommt später. Er holt noch schnell Susanne und Javier am Bahnhof ab.
   ◆ ……………… . Sie sind schon hier.
5. ■ Muss ich das Geschenk noch einpacken?
   ◆ *Nein,* ……………… . Das haben die im Geschäft schon gemacht.
6. ■ Tante Irene will noch schnell eine Glückwunschkarte besorgen.
   ◆ ……………… Sie kann ihnen doch persönlich gratulieren!

6 Wortbildung mit *-heit* oder *-keit*

a) Finden Sie die Adjektive in den Nomen.

1. Mehrsprachigkeit mehrsprachig
2. Pünktlichkeit ....
3. Öffentlichkeit ....
4. Schwierigkeit ....
5. Möglichkeit ....
6. Gemeinsamkeit ....
7. Zufriedenheit ....
8. Sicherheit ....
9. Vergangenheit ....
10. Krankheit ....
11. Freiheit ....
12. Gesundheit ....

b) Ergänzen Sie den Text mit sechs passenden Nomen aus Aufgabe a).

In der Familie Kowalsky sprechen alle mindestens drei Sprachen!

Meine Eltern sind in den 70er Jahren aus Portugal nach Deutschland gekommen und ich bin hier aufgewachsen. In meiner Familie ist Mehrsprachigkeit ganz selbstverständlich. Weil mein Mann aus Polen kommt, hatten unsere Kinder die ....[1], zu Hause beide Sprachen, also Polnisch und Portugiesisch, zu lernen. Hier in Mannheim sprechen wir natürlich meistens Deutsch. Am Anfang fehlte besonders meinem Mann manchmal die sprachliche ....[2], aber das ist jetzt vorbei. Er spricht jetzt sogar fast ohne Akzent Deutsch.
Ich habe meinen Mann zufällig kennen gelernt. Als Pole genoss er 1992 endlich auch die neue ....[3] und reiste quer durch Europa bis nach Portugal. Michał regte sich am Fahrkartenschalter im Bahnhof in Lissabon gerade über die mangelnde ....[4] der Züge auf, wurde aber nicht verstanden. Als ich ihm helfen wollte, stellte sich heraus, dass er gut Deutsch sprach. Ich glaube, ohne diese überraschende ....[5] hätte ich seine Einladung auf einen Kaffee nicht angenommen.
Ein Jahr später haben wir geheiratet. Wir leben zwar in Deutschland, aber unsere Heimat heißt Europa. Im Moment sind wir sehr zufrieden, und diese ....[6] wünschen wir uns auch für unsere Kinder.

7 *Trotzdem* und *entweder ... oder*. Ergänzen Sie die Sätze und machen Sie einen Strich (–), wo nichts passt.

1. Ich möchte .... in Berlin .... Paris leben.
2. Wir müssen in der Schule neben Englisch .... Französisch .... Spanisch lernen. Ich werde .... weiter an der Volkshochschule ....–.............. Türkisch lernen.
3. Ich weiß, dass du heute .... viel zu tun hast, kannst du .... kommen?

Leben in Deutschland 2

1 Bei der Bank

a) Was brauchen Sie wozu? Sehen Sie sich die Fotos an und ordnen Sie zu.

1. ein Girokonto eröffnen e, ...
2. den Kontostand kontrollieren ....
3. Geld auf das Sparkonto einzahlen ....
4. Bargeld am Automaten abheben ....
5. einen Dauerauftrag einrichten ....

a

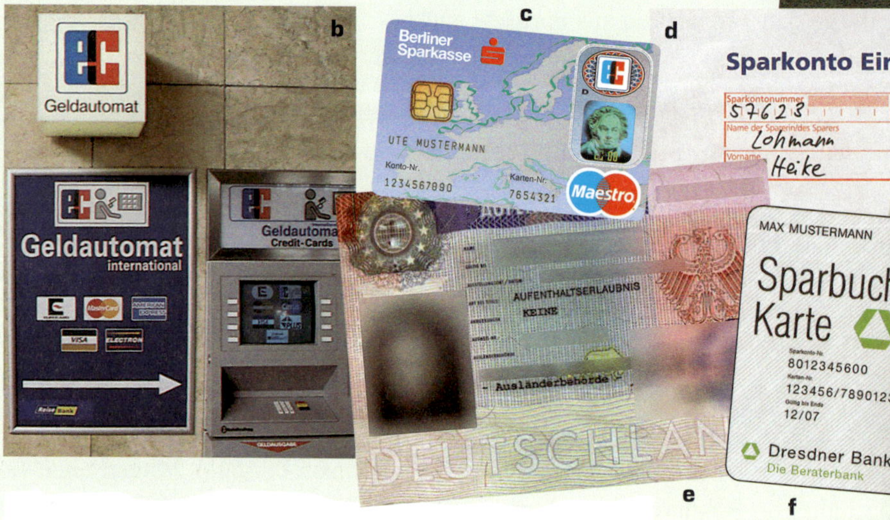

b c d e f

g

Bitte überweisen Sie die Miete auf folgendes Konto:
Postbank Berlin, Bankleitzahl 10010010
Kontonummer: 20308871

e = die Niederlassungserlaubnis
g = die Bankverbindung

h

b) Sie brauchen ein Konto. Ordnen Sie zu. Schreiben Sie dann den Dialog in Ihr Heft und ergänzen Sie die fehlenden Begriffe.

1. Girokonto – 2. Verdienstbescheinigung – 3. Gebühren – 4. EC-Karte – 5. Automaten – 6. Niederlassungserlaubnis – 7. eröffnen – 8. Geheimzahl

■ Guten Tag, ich möchte gern ein Konto bei Ihnen ■.
◆ Sehr schön. Haben Sie ein regelmäßiges Einkommen? Dann können wir Ihnen ein ■ einrichten.
■ Ja, ich habe die ■ dabei. Und meinen Ausweis. Hier bitte.
◆ Ah, ich sehe, Sie sind nicht aus einem EU-Land. Da brauche ich auch die ■ und Ihre Meldebestätigung mit Ihrer aktuellen Anschrift.
■ Gut, dass ich alles mitgenommen habe. Hier, bitte. Bekomme ich auch eine ■ ?
◆ Natürlich, aber es dauert ungefähr zwei Wochen, bis Sie die Karte haben. Die ■ wird Ihnen getrennt zugeschickt. Aber dann können Sie alle Bankgeschäfte an unseren ■ erledigen.
■ Sehr gut. Was kostet das denn alles?
◆ Die ■ sind nicht sehr hoch. Wenn Sie …

2 Im Krankenhaus

a) Wo ist was? Sehen Sie sich den Plan an und ergänzen Sie die fehlenden Nummern.

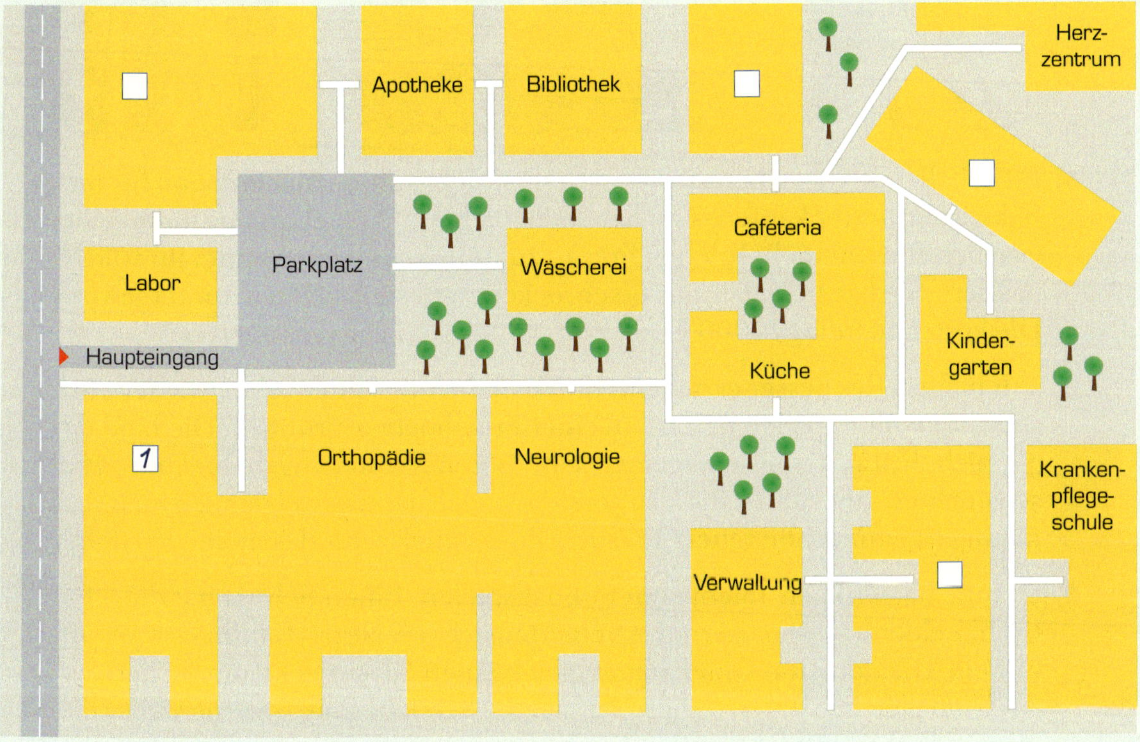

1. Die Ambulanz ist direkt am Haupteingang auf der rechten Seite.
2. Die Gynäkologie ist neben der Bibliothek.
3. Wenn man an der Cafeteria links vorbeigeht, kommt man zur Kinderklinik.
4. Links vom Labor ist die Allgemeine Chirurgie.
5. Zwischen der Verwaltung und der Krankenpflegeschule ist die Innere Medizin.

b) Sie müssen ins Krankenhaus und dort wird ein Aufnahmegespräch geführt. Was fragen Sie, was fragt der Arzt oder die Ärztin?

	Arzt/Ärztin	Patient/in
1. Muss ich operiert werden?	■	■
2. Haben Sie einen Impfpass?	■	■
3. Wann haben die Schmerzen angefangen?	■	■
4. Wie lange muss ich bleiben?	■	■
5. Trinken Sie regelmäßig Alkohol?	■	■
6. Was für Untersuchungen werden gemacht?	■	■
7. Nehmen Sie regelmäßig Medikamente? Welche?	■	■
8. Übernimmt die Krankenkasse die Kosten?	■	■
9. Sind Sie schon einmal operiert worden? Wann?	■	■
10. Rauchen Sie? Wie viel?	■	■
11. Haben Sie Allergien? Welche?	■	■
12. Welche Risiken gibt es?	■	■
13. Gab oder gibt es in Ihrer Familie ähnliche Krankheiten?	■	■

3 Ein Glück – wir sind versichert!

a) Was ist passiert? Ordnen Sie die Bilder den Texten zu.

a

b

c

1. ■ Stell dir vor, was mir gestern passiert ist. Ich wollte ein Geschenk für meine Schwiegermutter kaufen – sie hat doch am Sonntag Geburtstag – und plötzlich gab es einen Riesenkrach. Julchen fing an zu weinen und ich dachte, ihr wäre etwas passiert. Sie hat sich aber nur erschrocken, weil sie eine Vase runtergeworfen hat. Die kostet allerdings 1000 Euro! Zum Glück sind wir versichert.

2. ■ Ich muss Rex besser erziehen. Am Wochenende hat er schon wieder etwas angestellt. Er wollte spielen und ist an einer Frau hochgesprungen. Die fand das aber gar nicht lustig, denn sie hat einen sehr teuren Mantel angehabt. Und es hatte doch so geregnet – du kannst dir also vorstellen, wie der Mantel danach aussah. Die Reinigung ist ganz schön teuer: 35 Euro! Zum Glück zahlt das meine Versicherung.

3. ■ Anne hat wirklich Talent zum Fußballspielen. Einen Schuss hat die – fantastisch! Leider hat sie gestern das Schaufenster von Herrn Kaufmann getroffen. Das war ein Theater. Zum Glück hat er gleich einen Glaser bekommen, der das Fenster noch am gleichen Tag repariert hat. Meine Versicherung wird sich über die Rechnung von über 350 Euro freuen!

Landeskunde

Die private Haftpflichtversicherung ist die wichtigste Versicherung. Sie haftet für Schäden, die man selbst (oder die eigenen Kinder) verursacht hat. Beim Abschluss einer Haftpflichtversicherung muss man aber darauf achten, ob sie auch alle persönlichen Risiken abdeckt. Wenn man z. B. ein Haustier hat, braucht man eine „Tierhalter-Ergänzung". Es gibt auch große Preisunterschiede, sodass man vorher alle Angebote gut vergleichen sollte. Wenn ein Schaden passiert ist, muss man ihn der Versicherung melden. Das macht man mit einer Schadensmeldung.

b) Ordnen Sie die Erklärungen den Begriffen aus der „Versicherungssprache" zu.

das, was kaputt gegangen ist oder Geld kostet	1	a	die/der Geschädigte
die Person, deren Versicherung zahlen soll	2	b	der Schadenzeitpunkt
die Person, die den Schaden hat	3	c	der/die Versicherungsnehmer/in
wann es passiert ist	4	d	der Schaden
wie es passiert ist	5	e	der Umfang des Schadens
die geschädigte Sache (oder Person) und ihr Wert	6	f	die Schadenörtlichkeit
wo es passiert ist	7	g	der Hergang

c) Lesen Sie die Schadensmeldung. Wer muss sie unterschreiben?

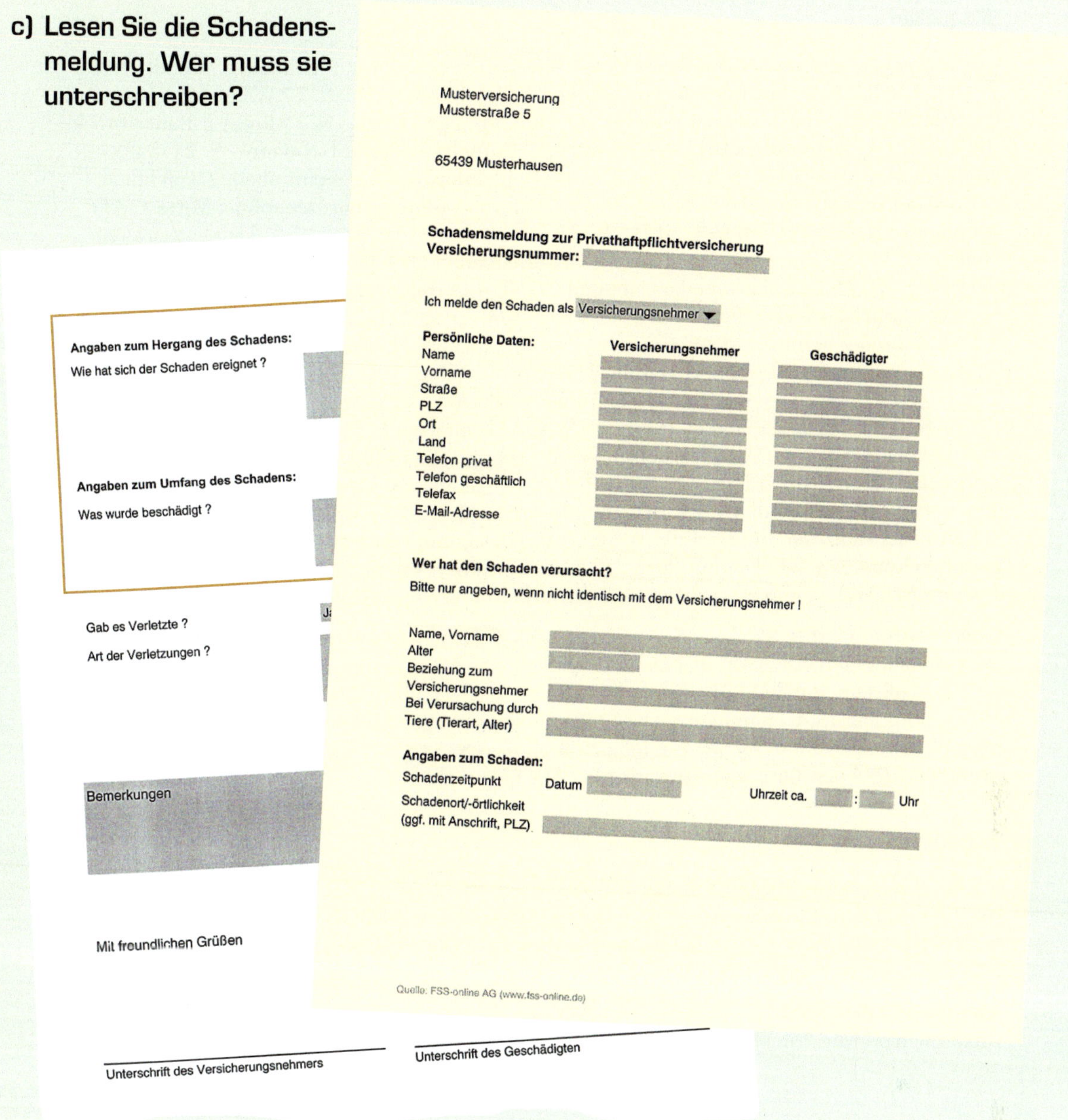

Musterversicherung
Musterstraße 5

65439 Musterhausen

Schadensmeldung zur Privathaftpflichtversicherung
Versicherungsnummer:

Ich melde den Schaden als Versicherungsnehmer

Persönliche Daten:	**Versicherungsnehmer**	**Geschädigter**
Name		
Vorname		
Straße		
PLZ		
Ort		
Land		
Telefon privat		
Telefon geschäftlich		
Telefax		
E-Mail-Adresse		

Wer hat den Schaden verursacht?
Bitte nur angeben, wenn nicht identisch mit dem Versicherungsnehmer !

Name, Vorname
Alter
Beziehung zum Versicherungsnehmer
Bei Verursachung durch Tiere (Tierart, Alter)

Angaben zum Schaden:
Schadenzeitpunkt Datum Uhrzeit ca. : Uhr
Schadenort/-örtlichkeit (ggf. mit Anschrift, PLZ)

Quelle: FSS-online AG (www.fss-online.de)

Angaben zum Hergang des Schadens:
Wie hat sich der Schaden ereignet ?

Angaben zum Umfang des Schadens:
Was wurde beschädigt ?

Gab es Verletzte ?
Art der Verletzungen ?

Bemerkungen

Mit freundlichen Grüßen

Unterschrift des Versicherungsnehmers

Unterschrift des Geschädigten

d) Wählen Sie einen Fall aus Aufgabe a) und machen Sie die Angaben.

Angaben zum Hergang des Schadens:
Wie hat sich der Schaden ereignet ?

Meine Tochter / Mein Hund hat ...
Als ... Dabei ist ...

Angaben zum Umfang des Schadens:
Was wurde beschädigt ?

Eine Vase im Wert von ...

Bildquellen

Cover unten: © Pixelio – **S. 5** links: © Comstock (RF); rechts oben: © Fotolia, G. Kaindl (RF) – **S. 12** © Pixelio, P.-G. Meister – **S. 16** © Fotolia, Y. Bogdanski (RF) – **S. 17** Wikimedia Commons, CC Attr. 2.5, © A. Logan – **S. 18** Wikimedia Commons, gemeinfrei – **S. 19** links: © Bananastock (RF); rechts: © Digitalstock (RF) – **S. 20** oben: © Cornelsen Verlag, Tiefmann – **S. 21** © iStockphoto, B. McEntire (RF) – **S. 22** links: © Cornelsen Verlag, Binder; rechts oben, 2. von unten: © Emsland Touristik GmbH; 2. von oben: © www.ferienwohnung-nordseehof.de; Mitte: © ATP Automotive Testing Papenburg GmbH – **S. 25** 1.: © Karneval Trusetal; 2.: © Kleingartenverein Helleberg; 3.: © Musikverein Berghausen; 4.: © Reitverein Diek Bassum; 5.: © Heimatverein Bad Berleburg – **S. 28** links: Wikimedia Commons, GNU-Liz. freie Dok. 1.2; rechts: © educa.ch – **S. 33** © Cornelsen Verlag, Funk – **S. 35** © Cornelsen Verlag, Schulz – **S. 36** oben links, rechts: © Verein Bünder Schullandheim; unten: © Print Media GmbH, Wiesmoor – **S. 38** a: Wikipedia, GNU, © S. Kühn; b: © Pixelio, F. Haindl; c: Wikipedia, GNU, © H. Weber Hawedi; d: Wikimedia Commons, gemeinfrei; e: Wikimedia Commons, GNU, © G. L. Wright – **S. 43** © Fotolia, S. Jung (RF) – **S. 44** © Cornelsen Verlag, Hannes – **S. 49** © Digitalstock (RF) – **S. 50** links, Mitte: © iStockphoto (RF) – **S. 53** © Cornelsen Verlag, Schulz – **S. 54** links: © iStockphoto (RF); rechts: © iStockphoto, D. Turner (RF) – **S. 55** © Pixelio, D. Haugk – **S. 56** oben: Wikimedia Commons, gemeinfrei; unten: © Audi AG – **S. 60** 1: © adpic (RF); 2: © M. Tettinger – **S. 61** links, rechts: © Forum der Kulturen Stuttgart e.V.; Mitte: © C. Grünbaum – **S. 64** © Vertretung der Europäischen Kommission in Deutschland – **S. 67** © Cornelsen Verlag, Schulz – **S. 68** links: © Cornelsen Verlag, Kämpf; rechts unten: © Cornelsen Verlag, Schulz

Cover oben: © Corbis, Skelley – **S. 5** rechts unten: © ullstein bild / superclic – **S. 10** © mauritius images, dieKleinert – **S. 13** © ullstein bild, Vodjani – **S. 20** unten: © picture-alliance / dpa – **S. 24** rechts: © ullstein bild; links: © ullstein bild / ddp – **S. 29** © ullstein bild, Wodicka – **S. 31** © mauritius images, C. Bergmann – **S. 32** © mauritius images, U. Umstätter – **S. 40** © mauritius images, S. Vidler – **S. 50** rechts: © Globus Infografik – **S. 51** © Verlag Antje Kunstmann, München 1993 – **S. 66** © mauritius images / The Copyright Group

Textquellen

S. 20 © Verlag Klaus Wagenbach, Berlin 1983, Erich Fried: aus „Es ist was es ist“ – **S. 52** © Verlag Antje Kunstmann, München 1993, Axel Hacke, Michael Sowa: Der kleine König Dezember – **S. 56** © „Deutschland“ magazine/Oktober/November 2006, www.magazine-deutschland.de

Nicht alle Copyrightinhaber konnten ermittelt werden; deren Urheberrechte werden hiermit vorsorglich und ausdrücklich anerkannt.

studio d B1

Deutsch als Fremdsprache

Sprachtraining
Lösungen

Cornelsen

1 Zeitpunkte

1

Montag, 19.05.:
15:30 Uhr Sabine kommt zum Kaffee
Dienstag, 20.05.:
22:15 Uhr Krimi im ZDF auf Video aufnehmen
Mittwoch, 21.05.:
8:00 Uhr Mülltonne an die Straße stellen
Freitag, 23.05.:
18:00 Uhr Orgelkonzert in der Ludgerikirche
Samstag, 24.05.:
9:30 Uhr Frühstück bei Roland
Sonntag, 25.05.:
14:50 Uhr Florian am Flughafen abholen, anschließend mit Inka Eis essen

2

1. Freizeit ≠ Arbeitszeit, 2. Regenzeit ≠ Trockenzeit, 3. Schulzeit ≠ Ferienzeit, 4. Teilzeit ≠ Vollzeit, 5. Sommerzeit ≠ Winterzeit, 6. Öffnungszeit ≠ Schließzeit

3

a)
immer, oft, manchmal, selten, nie

b)
Vorschläge
Ich gehe oft ins Kino. Manchmal koche ich für meine Mitbewohner. Ich sehe selten fern. Ich schwimme manchmal im See. Ich lerne selten Vokabeln. Ich schreibe oft Briefe. Ich lese nie die Zeitung. Ich telefoniere immer mit dem Handy. …

4

1. Zeilen 20–23, 2. Zeile 24–29, 3. Zeilen 1–2, 4. Zeilen 31–32, 5. Zeilen 8 und 30, 6. Zeilen 25–26

5

2. Zeit zum Frühstücken, 3. Zeit zum Joggen, 4. Zeit zum Aufräumen, 5. Zeit zum Telefonieren, 6. Zeit zum Kochen, 7. Zeit zum Lesen, 8. Zeit zum Faulsein

6

2. Während ich mich dusche, putze ich mir die Zähne.
3. Ich lese die Zeitung, während ich frühstücke.
4. Ich höre die Verkehrsnachrichten im Radio, während ich mich anziehe.
5. Während ich aus dem Haus gehe, sehe ich auf die Uhr.
6. Ich denke an meine Termine, während ich zur Arbeit fahre.

7

a)
a7, b6, c3, d2, f8, g9, h4, i5

b)
2. Wann fiel die Mauer?
3. Wann begann der Zweite Weltkrieg?
4. Wann war der Zweite Weltkrieg endlich zu Ende?
5. Wann wurde Angela Merkel erste deutsche Bundeskanzlerin?
6. Wann gewann Deutschland die Fußballweltmeisterschaft?
7. Wann sagte John F. Kennedy „Ich bin ein Berliner"?
8. Wann übernahmen die Nationalsozialisten die Macht?
9. Wann war Deutschland wiedervereinigt?

8

a)
fing – ging, kochte – mochte, sang – sprang, wollte – sollte, wusste – musste, brachte – lachte

b)
Vorschlag
…
als Olaf eine Maus fing,
als ich endlich in die Schule ging,
als Mama Marmelade kochte,
als ich noch keinen Kaffee mochte,
als Moritz ein schönes Lied sang,
als er danach in die Luft sprang,
als ich auf meine erste Party wollte,
als ich mehr essen sollte,
als ich noch nichts von dem Unfall wusste,
als Opa nicht mehr arbeiten musste,
als man mir eine kleine Katze brachte,
als ich über deine Witze lachte,
war ich glücklich!

9

a)
1: kam, 2: gab, 3: trank, 4: brachten, 5: stand … auf, 6: fand, 7: verstand, 8: war, 9: hieß, 10: kam, 11: ging, 12: stand, 13: tat, 14: rannte, 15: fuhr, 16: kam, 17: nahm, 18: stand, 19: gefiel, 20: schien, 21: sprang, 22: lief, 23: saß, 24: trat, 25: wusste

b)
c – d – a – d – b

c) 3.

10

1d, 2f, 3b, 4e, 5g, 6c, 7a

11

… die Zeit.

2 Alltag

1

a)
Die Erinnerung/Das Gedächtnis

b)
richtig: 2. – Zeilen 33–34, 3. – Zeilen 50–58, 7. – Zeilen 20–21, 8. – Zeilen 42–45

2

waagerecht: 1. Formular, 4. Kraft, 6. Geheimzahl, 8. Lachen, 9. Dienstreisen
senkrecht: 2. Ratschläge, 3. Kleingeld, 5. Überstunden, 7. Gebäude

3

2. …, die ihren Fahrschein nicht finden können.
3. …, der sein Gepäck verloren hat.
4. …, der es sehr eilig hat.
5. …, die oft falsch parkt.
6. …, die nicht genug Geld dabei hat.

4

Ich ärgere mich über:
1. Verkehrsstaus auf dem Weg zur Arbeit.
2. Kinder, die im Treppenhaus Ball spielen.
3. Leute, die im Kino telefonieren.
4. die kaputte Heizung im Winter.
5. Abfall neben leeren Mülleimern im Park.
6. laute Musik im Bus.

5

2d, 3g, 4j, 5a, 6h, 7i, 8c, 9e, 10b

6

a)
Vorschlag
Da sah ich den Kalender: Es war Sonntag!

b)
Vorschläge
2. … sie keine Zeit zum Frühstücken hatte.
3. … ging sie zum Bankautomaten.
4. … da schon zwei andere Kunden warteten.
5. … freute sie sich.
6. … wollte sie Musik hören.
7. … ihr MP3-Spieler schon nach dem ersten Lied nicht mehr funktionierte.
8. … es Sonntag war!

7

1. Sie sollte die Verbraucherzentrale anrufen.
2. Sie müsste früher kommen.
3. Er sollte den Kellner fragen.
4. Sie könnten in der Türkei Urlaub machen.
5. Er müsste mehr laufen.
6. Er könnte in die Sauna gehen.

8

1f, 2g, 3b, 4c, 5h, 6d, 7a, 8e

3 Männer – Frauen – Paare

1

b)
Vorschläge
Ich bin der Meinung, dass eine Kinderküche typisch für Mädchen ist. Manche Jungen spielen aber auch mit einer Kinderküche. – Ich finde, dass Fußball typisch für Jungen ist. Manche Mädchen spielen aber auch gern Fußball. – Ich finde, dass eine rote Jeans in der Größe für Jungen oder Mädchen sein kann. – Ich glaube nicht, dass Trompetespielen typisch für Jungen ist. Manche Mädchen spielen auch gern Trompete. – Ich bin nicht der Meinung, dass Ballettunterricht typisch für Jungen ist.

2

b) 1a, 2c, 3b, 4c, 5a

3

2a, 3d, 4b, 5c, 6e

Vorschläge
1. Das kann man so nicht sehen. Die meisten interessieren sich eher für elektronische Artikel als für Kleidung.
2. Da stimme ich Ihnen nicht zu. Es liegt vielleicht nur daran, dass es in den Chefetagen so wenige Frauen gibt.
3. Da bin ich nicht ganz deiner Meinung. Aber Männer finden vielleicht andere Gesprächsthemen interessant.
4. Das kann man so nicht sehen. Viele haben es einfach nie gelernt.
5. Das stimmt doch nicht. Männer können sich auch um die Kinder und den Haushalt kümmern.
6. Das sehe ich ganz anders. Hausarbeit und Erziehung der Kinder sind viel Arbeit.

4

1. Ich finde es nicht so / auch wichtig, ein teures Auto zu haben.
3. Ich finde es nicht so / auch wichtig, immer pünktlich zu sein.
4. Ich finde es nicht so / auch wichtig, immer gut auszusehen.
5. Ich finde es nicht so / auch wichtig, E-Mails noch am selben Tag zu beantworten.
6. Ich finde es nicht so / auch wichtig, täglich Zeitung zu lesen.

5

a) 1c, 2f, 3a, 4b, 5e, 6d

b)
Vorschläge
1. …, meinen Schreibtisch aufzuräumen.
2. …, Passwörter zu notieren.
3. …, Freunden zum Geburtstag zu gratulieren.
4. …, Lebensmittel einzukaufen.
5. …, wichtige Briefe zur Post zu bringen.
6. …, meine Eltern anzurufen.

6

1. Er ist verständnislos.
2. Er ist unehrlich.
3. Er ist besonders kompliziert.
4. Er ist erfolglos.
5. Er ist gefühllos.
6. Er ist lieblos.
7. Ich finde ihn unsympathisch.

7

b)
3 – 6 – 2 – 1 – 7 – 4 – 5

8

a: Mareike, b: Hilde, c: Svetlana, d: Sonja, e: Eva

4 Deutschlands größte Stadt

1

a)
b3, c4, d7, e6, f5, g2

b)
Johann Erdmann: 2, Helga und Rainer Jobst: 5, Klaus: 6, Monika Jürgens: 4, Rudolf Möller: 3, Wolfgang Meier: 1

2

Vorschläge
a)
Martha und Laura erzählen, was früher anders war. / Früher und heute

b)
... Heute fahren sie mit dem Bus in eine große Schule in der Stadt.
Früher trugen die meisten Kinder noch Holzschuhe. Heute tragen sie Sportschuhe.
Früher mussten die Kinder den Eltern nachmittags bei der Arbeit helfen. Heute sitzen sie am Nachmittag oft lange vor dem Fernseher oder Computer.
Früher wurden die Kinder manchmal zum Einkaufen ins Dorf geschickt. Heute fährt man zum Einkaufen zum Supermarkt im Nachbarort.
Früher hatten viele einen Obst- und Gemüsegarten. Heute haben viele noch einen Garten, aber sie kaufen Obst und Gemüse lieber im Geschäft.
Früher hatten die Leute Zeit füreinander. Heute haben es auch auf dem Land alle immer eilig.

3

1. Wie lange muss ich im Krankenhaus bleiben?
2. Ich habe eine Allergie gegen Aspirin.
3. Wann kann ich wieder arbeiten?
4. Kann ich meinen Mann anrufen?
5. Wie viel bezahlt die Krankenkasse?
6. Bekomme ich von Ihnen eine Krankschreibung?

4

a3, b4, c1, d5, e2

5

a)
Vorschläge
Kinderfahrrad: sicher, blau, klein, gebraucht
Bücher: interessant, spannend, alt, dick
Armbanduhr: elegant, klassisch, teuer
Kaffeemaschine: praktisch, gebraucht, billig
Bälle: bunt, preiswert, sportlich

b)
Vorschläge
2. Ich interessiere mich für die spannenden Bücher und biete die praktische Kaffeemaschine zum Tausch an.
3. Ich tausche ein gebrauchtes Kinderfahrrad gegen eine elegante Armbanduhr.
4. Wir bieten die teure Armbanduhr zum Tausch an und interessieren uns für den neuen CD-Spieler.
5. Ich tausche die sportlichen Bälle gegen die interessanten Bücher.
6. Wir interessieren uns für die billige Kaffemaschine und bieten bunte Bälle zum Tausch an.
7. Ich tausche das blaue Kinderfahrrad gegen den modernen CD-Spieler.

6

1: teuren, 2: netten, 3: arbeitslosen, 4: lauten, 5: dunklen, 6: langen, 7: schweren, 8: glücklichen, 9: großen, 10: polnischen

7

a)
1. der, 2. der, 3. das, 4. die, 5. das, 6. die

b)
1: Schwer**er** Unfall durch stark**en** Regen auf der A1 bei Hamburg
2: Fußballstar brach sich bei unglücklich**em** Skiunfall link**es** Bein
3: Fußgänger nach Unfall mit leicht**en** Verletzungen ins Krankenhaus gebracht
4: Jugendliche haben größer**es** Unfallrisiko am Arbeitsplatz
5: Beruflich**e** Unfallversicherungen registrieren wieder mehr Arbeitsunfälle
6: Deutsch**e** Versicherungen wollen bei häufig**en** Sportunfällen ihre Preise erhöhen

8

b)
1: ganz**e**, 2: neu**er**, 3: groß**en**, 4: verschieden**en**, 5: glücklich**e**, 6: wunderschön**en**, 7: deutsch**e**, 8: französisch**en**, 9: zahlreich**en**, 10: toll**es**, 11: viel**e**, 12: groß**e**, 13: alt**en**, 14: interessant**e**, 15: spannend**en**, 16: historisch**e**, 17: bequem**en**, 18: frei**e**, 19: nächst**e**, 20: sicher**es**, 21: positiv**en**

1

a) + b)

	Deutschland	Österreich	Schweiz
1.	9 Jahre	9 Jahre	9 Jahre
2.	6 Jahre	6 Jahre	6 Jahre
3.	Grundschule	Volksschule	Primarstufe
4.	Hauptschule, Realschule, Gymnasium	AHS Unterstufe, Hauptschule	Sekundarstufe I
5.	Abitur	Matura	Maturitätszeugnis

2

a)
2. Pause, 3. Unterricht, 4. Hausaufgaben

b)
a4, b1, c3, d2

c)
Vorschläge
2. In der Pause essen und spielen wir. Man braucht nach jeder Stunde eine Pause.
3. Im Unterricht muss man aufpassen. Manchmal fällt der Unterricht aus.
4. Am Nachmittag mache ich Hausaufgaben. Manchmal vergesse ich die Hausaufgaben.

3

1: kann, 2: erinnern, 3: Schultüte, 4: konnte, 5: Schreiben, 6: sehr, 7: von, 8: weiß, 9: Wetter, 10: hat, 11: gute, 12: meiner, 13: Rücken, 14: bin, 15: aufgeregt, 16: sicher, 17: schöner

4

1b, j – 2g, i – 3a, f – 4d, h – 5c, l – 6e, k

5

a)
1d: Videospiele spielen, 2b: Auto fahren, 3f: einen Bankautomaten bedienen, 4c: E-Mails senden, 5a: Pizza backen, 6e: Kreuzworträtsel lösen

b)
Vorschlag
… Da war ich 14 und wir haben an der Nordsee Urlaub gemacht. Und von meinem kleinen Bruder habe ich Videospiele spielen gelernt, als ich 12 war. Er hat bald gemerkt, dass ich öfter gewinne als er, und wollte dann nicht mehr gegen mich spielen. Von meiner Mutter habe ich schon sehr früh Pizza backen gelernt. Ich glaube, da war ich 7 oder 8. E-Mails senden habe ich von meinem Vater gelernt. Ich weiß nicht mehr, wie alt ich da war, aber ich kann mich gut erinnern, dass er mir geholfen hat, mein erstes eigenes E-Mailkonto anzumelden.

6

Vorschläge
Hausmeister: Heizung überwachen, Glühbirnen auswechseln, kaputte Möbel reparieren, Schnee räumen
Schulsekretärin: Stundenpläne schreiben, telefonieren, Auskunft geben, Post organisieren
Schulsozialarbeiterin: Schüler und Eltern bei Problemen beraten, bei der Berufswahl helfen, AGs leiten
Lehrer: unterrichten, Hausaufgaben geben, an die Tafel schreiben

7

2. Alle Schüler können sich zwei Fächer aussuchen, für die sie sich sehr interessieren.
3. Sie werden dann in Gruppen aufgeteilt, in denen sie an einem bestimmten Thema arbeiten.
4. Jeder bekommt einen Projektpartner, mit dem er eine Aufgabe bearbeitet.
5. Zum Schluss werden Eltern und Geschwister zu einer Veranstaltung eingeladen, auf der alle Gruppen ihre Ergebnisse präsentieren.

8

1. das Wörterbuch: Ein Wörterbuch ist ein Buch, in dem ich nach unbekannten Wörtern suche.
2. der Schultag: Der Schultag ist ein Tag, an dem Unterricht stattfindet.
3. die Noten: Die Noten sind die Zahlen, die für jedes Fach auf dem Zeugnis stehen.
4. die Ferien: Die Ferien sind die Zeit, in der die Schüler schulfrei haben.
5. das Lieblingsfach: Das Lieblingsfach ist das Fach, das am meisten Spaß macht.
6. das Gymnasium: Das Gymnasium ist die Schule, auf der man in Deutschland Abitur machen kann.

9

b)
2. …, wenn du die Sprache nicht nur im Unterricht sprechen würdest.
3. …, wenn wir nicht immer Basketball spielen würden.
4. …, wenn die Pausen nicht so kurz wären.

10

2. …, ich wäre besser in Mathe.
3. …, mein Chemielehrer wäre netter.
4. …, wir würden heute ein Video sehen.
5. …, ich wüsste, wie es geht.
6. …, du könntest mir helfen.

11

Wenn du ein Schiff bauen willst, dann suche nicht zuerst nach Männern, die das Material besorgen, Werkzeuge vorbereiten, Aufgaben vergeben und die Arbeit einteilen, sondern lehre die Männer die Sehnsucht nach dem weiten Meer.
Sage es mir und ich vergesse es. Zeige es mir und ich erinnere mich. Lass es mich tun und ich behalte es.

Leben in Deutschland 1

1

a)
wann: am Dienstag, den 16.08. um 18.30 Uhr
wo: im Klassenraum der 6c, Raum A-301
Themen: die Klassenfahrt und die Wahl der Elternvertreter

b)
Aufgaben: Interessen der Elternschaft vertreten, Wünsche und Vorschläge der Eltern sammeln und an die Schulleitung weitergeben, an den Beratungen der Schulkonferenz teilnehmen, Meinung zu bestimmten Themen äußern
an der Tafel: man sieht die Wahlergebnisse einer Elternwahl

2

a)
3 – 7 – 4 – 1 – 6 – 2 – 5

1. Frau Dormeister ist die Klassenlehrerin. Nein, sie hatte die Klasse schon letztes Jahr.
2. Frau Schmidt, Frau Kiliç und Frau Fiedler sind die Kandidaten.
3. Frau Schmidt, Frau Fiedler und Herr Kroll waren schon einmal in der EV.
4. Die Wahl ist offen.

b)
1. 28
2. Frau Schmidt wird Vorsitzende und Frau Kiliç wird die Stellvertreterin.
3. Frau Kiliç ist zum ersten Mal in der EV.

3

a)
Ziel: das Schullandheim in Bünde auf der Insel Wangerooge
Wann: vom 22.09. bis 28.09.2008
Weitere Informationen: was die Kinder mitnehmen müssen, welche Veranstaltungen geplant sind (Ausflüge, Schwimmen, Wanderung, Rahmenprogramm)

4

a)
… habt ihr denn gesprochen?
…, wohin die Fahrt geht?
Wann soll die Klassenfahrt sein?
Wann ist sie genau und wie lange dauert sie?
Wie viel kostet / wie teuer ist die Klassenfahrt?
… wann müssen wir das Geld einzahlen?
… müssen die Kinder mitnehmen?
… bekomme ich die Checkliste?

b)
Vorschläge
Sie machen viel zusammen, das ist gut für die Klassengemeinschaft / für die Gruppe.

6 Klima und Umwelt

1

a)
Bild a: Trockenheit, Wassermangel
Bild b: Hitze, die Sonne scheint
Bild c: Hochwasserkatastrophe
Bild d: Sturm
Bild e: Lawine

b)
direkte Einflüsse: große Hitze und Kälte, Sturm, Hochwasser, Lawinen, lange Trockenheit, Wetterfühligkeit, Klimawechsel, frische Luft
indirekte Einflüsse: hohe Luftverschmutzung, die Qualität des Wassers, Klimaerwärmung

c)
Vorschläge
Wenn es lange nicht regnet, gibt es kein Wasser und keine Lebensmittel. Das hat schlimme Folgen.
Wegen der hohen Luftverschmutzung entstehen Allergien und Erkrankungen der Atemwege.
Durch die Klimaerwärmung könnte die Malaria in Gegenden auftreten, wo sie heute noch nicht vorkommt. Frische Luft ist gut für Körper und Gesundheit.

2

2. Morgen wird in Berlin die Sonne scheinen.
3. In Köln wird es morgen regnen.
4. In München wird es morgen schneien.
5. Morgen wird es über Stuttgart (stark) bewölkt.

3

a)
in der Woche; am Wochenende; im Januar, im Februar, im März, im April, …; am Montag, am Dienstag, am Mittwoch, am Donnerstag, …; in der Nacht; am Tag; um halb drei, um Viertel vor zwei, um eins, …; am Morgen, am Vormittag, am Mittag, am Nachmittag, am Abend

c)
1. Hast du am Montag **um** 14 Uhr Zeit?
2. Was macht ihr **am** nächsten Wochenende?
3. Die UN veröffentlichte **im** Januar 2007 ihren Klimareport.
4. Es wird **in der** Nacht regnen.
5. Nächstes Jahr machen wir **in der** 29. Kalenderwoche Urlaub.

4

2. … ausgefallen.
3. … abgerissen.
4. … Straßen und Brücken gesperrt.
5. … den Schienenverkehr eingestellt.
6. … umgestürzt.

5

a)
2a, 3b, 4c, 5b, 6a, 7c, 8b

b)
Wenn man über die Zukunft spricht, kann man entweder das **Futur** oder das **Präsens** mit Zeitangabe benutzen.

6

Ursachenkette a): Weil die Gletscher schmelzen, gibt es nur noch in Skigebieten über 1000 m Schnee. Es gibt nur noch in Skigebieten über 1000 m Schnee, darum gibt es immer weniger Wintersportorte. Weil es immer weniger Wintersportorte gibt, sinkt die Zahl der Arbeitsplätze im Tourismus.
Ursachenkette b): Weil das Eis an den Polen schmilzt, steigt der Meeresspiegel immer höher. Der Meeresspiegel steigt immer höher, deshalb sind viele Küstenregionen von Hochwasser und Sturmfluten bedroht. Weil viele Küstenregionen von Hochwasser und Sturmfluten bedroht sind, sinkt die Zahl der Arbeitsplätze im Tourismus.

7

Vorschläge
Sehr geehrte Frau Müller,
wegen des Gewitters musste ich den Computer abschalten und konnte die Rechnungen für Ihre Firma gestern nicht schreiben. Ich werde sie Ihnen spätestens bis heute Abend schicken. Bitte entschuldigen Sie die Verspätung.
Mit freundlichen Grüßen, Ralf Mustermann

Liebe, liebe Maria!
Eigentlich sollte ich heute Abend etwas kochen, aber der Supermarkt war wegen des Maifeiertags geschlossen. Kochst du etwas für uns? Ich bringe eine Flasche Wein mit.
Dein Rudi

Hallo Opa! Wir können morgen nicht kommen, weil die Brücke wegen des Hochwassers gesperrt ist. Wir besuchen dich, wenn wir wieder über die Brücke fahren können. Das alles tut uns sehr leid, aber wir können das Wetter nicht ändern.
Liebe Grüße, Sonja und Carsten

8

a)
2. …, desto weniger Plastiktüten verbrauchen Sie.
3. …, desto besser ist es für die Gesundheit.
4. …, desto weniger Geld geben Sie für Strom aus.

b)
2. Man sollte wichtige Dokumente nicht ausdrucken, sondern elektronisch speichern.
3. Man sollte kein exotisches Obst kaufen, sondern Obst aus der Region.
4. Man sollte nicht mit dem Auto in die Stadt fahren, sondern mit dem Bus.
5. Man sollte keine Limonade aus Dosen trinken, sondern aus Flaschen.
6. Man sollte Wäsche nicht mit dem Wäschetrockner trocknen, sondern draußen auf der Leine.

7 Peinlich? – Peinlich!

1

a)
c – e – a – d – b

b)
Text 3

2

1b, 2a, 3b, 4b

3

a) und **b)**
1. Auf keinen Fall sollten Sie sich die Serviette um den Hals binden.
2. Man sollte auf jeden Fall mit geradem Rücken auf dem Stuhl sitzen.
3. Die Beine stehen parallel zueinander, und die Füße bleiben ruhig. Auch wenn Sie unbequeme Schuhe tragen, dürfen Sie sie nicht ausziehen.
4. Man sollte auch auf keinen Fall die Ellenbogen auf den Tisch stellen.
5. Die Finger spielen nicht […] mit der Kerze und …
6. … man gestikuliert auch nicht mit dem Besteck in der Hand.
7. Achten Sie darauf, Ihrem Tischnachbarn keinen Platz wegzunehmen und Ihre Ellenbogen immer unten zu lassen.
8. Das Essen führt man mit der Gabel oder dem Löffel zum Mund. Das Messer wird nur zum Schneiden benutzt.

4

2. Du solltest ihr lieber Wein oder Blumen mitbringen.
3. Du solltest ihr einfach sagen, dass du kein Fleisch isst.
4. Du solltest dir nicht so viele Gedanken machen und dich nicht gleich alleine in eine Ecke setzen.
5. Du solltest nicht absagen, wenn du die Einladung schon angenommen hast.

5

a)
1e, 2c, 3b, 4a, 5d

b)
2. Obwohl das Rauchen in Restaurants verboten ist, …
3. Obwohl man auf der Baustelle einen Helm tragen muss, …
4. Obwohl man im Krankenhaus leise sein soll, …
5. Obwohl man keine schweren Sachen auf den Kopierer stellen soll, …

6

1. arbeiten, 2. läuft, 3. spielen, 4. parkt, 5. herabfallen, 6. laufen

7

2. …, sondern auch eine Schwester.
3. … weder Fleisch noch Fisch.
4. … nicht nur Eis, sondern auch Kuchen.
5. … nicht nur Fußball, sondern auch Tennis.
6. … nicht nur Hosen, sondern auch Röcke mit.
7. … weder Geld noch Kreditkarten.
8. … weder in Asien noch in Australien.
9. … weder Fernsehen noch Computer.

8

a)
Zeile 1: 3, Zeile 15: 4, Zeile 34: 1, Zeile 51: 2

b)
1: ja, 2: nein, 3: nein, 4: ja, 5: nein, 6: ja

8 Generationen

1

b)
1. 14–19, 2. Familie und Partnerschaft, 3. Erfolg im Beruf, 4. Kinder haben, 5. 30

2

a)
2. suchen, 3. gehen, 4. machen, 5. lernen, 6. gehen, 7. bauen, 8. machen, 9. suchen, 10. gehen

b)
Vorschläge
Kindheit und Jugend: Lesen und Schreiben lernen, Hausaufgaben machen, einen Ausbildungsplatz suchen, Mittagsschlaf machen, auf Partys gehen, den Führerschein machen
mittleres Alter: auf Partys gehen, ein Haus bauen, den Führerschein machen, einen Lebenspartner suchen, zur Arbeit gehen
Alter: in Rente gehen, Mittagsschlaf machen

3

a)
richtig: 2 – 4 – 5 – 7

b)
1. Axel Hacke trifft den kleinen König Dezember II. / Axel Hacke ist der Erzähler.
3. Die Welt des kleinen Königs ist hinter dem Bücherregal.
6. Die Kindheit liegt am Ende des Lebens.

4

a)
Die Fantasie wird kleiner, das Wissen wird größer.

b)
1. Zeilen 7–11, 2. Zeilen 10–12, 3. Zeilen 18–19, 4. Zeilen 20–21, 5. Zeilen 23–25, 6. Zeilen 25–26, 7. Zeilen 26–28

5

a)
Plusquamperfekt: 1 – 3 – 5 – 6 – 8
Präteritum: 2 – 4 – 7

b)
a9, b3, c6, d4, e8, f2, g5, h10, i1, j7

6

a)
2. Nachdem ich mit ihr telefoniert hatte, …
3. Ich schnitt das Gemüse, …
4. Aber als ich den Herd angemacht hatte, …
5. …, stand niemand vor der Tür.
6. …, nachdem ich ins Treppenhaus gegangen war.
7. Nachdem ich den Schlüsseldienst angerufen hatte, …

b)
Vorschläge
Kurz nachdem der Schlüsseldienst die Tür geöffnet hatte, kam mein Mann. Ich bekam einen Schreck, nachdem ich die Rechnung gesehen hatte.

7

1. – Seit wir zusammen im Deutschkurs waren.
2. + Seit wann hast du denn Angst vor Hunden?
   – Seit ich gebissen wurde.
3. + Seit wann müsst ihr denn sparen?
   – Seit wir das Haus gekauft haben.
4. + Seit wann interessierst du dich denn für China?
   – Seit mein Freund in Peking studiert.
5. + Seit wann kocht denn dein Opa für dich?
   – Seit er in einem Kurs kochen gelernt hat.

8

1: seines, 2: ihrer, 3: eures, 4: unserer, 5: ihres, 6: unserer, 7: ihrer, 8: deiner

9

a)
1b, 2f, 3e, 4g, 5c, 6d, 7a

10

a)
1c, 2f, 3a, 4e, 5b, 6d

9 Migration

1

a) 1d, 2a, 3b – c passt zu keinem Text

b)
Wafa El Saddik: 1. 1989–2004, 2. Museumsleiterin, 3. seit 2004 in Kairo/Ägypten
Muhabbet: 1. von seiner Geburt bis heute, 2. Musiker, 3. Er hat türkische Eltern
Wan Gang: 1. 1985–2000, 2. Universitätspräsident und Vorsitzender des Chinesisch-Deutschen Hochschulkollegs, 3. seit 2000 in Shanghai/China

c) 1b, 2b, 3b, 4a

2

Vorschläge
Familie, Arbeit, Geld, Sprache, Gerechtigkeit, Liebe, Hoffnung, Nationalität

3

2. Wir lassen die Tickets im Reisebüro um die Ecke buchen.
3. Wir lassen uns von Ali ganz früh zum Flughafen bringen.
4. Ich lasse mir von „Karten-Müller" einen Stadtplan schicken.
5. Ich lasse meine Oma einen Kuchen backen.
6. Ich lasse meinen Mann einen Roman für die Reise kaufen.
7. Ich lasse meine Mutter die Koffer packen.
8. Ich lasse meinen Mann die schweren Koffer tragen.
9. Ich lasse Cousine Tina die Fotos machen.

4

1d, 2b, 3f, 4c, 5e, 6a

5

1. unterschrieben, 2. wurden … geholt, 3. wurden … genannt, 4. wurde … gegründet, 5. wurde … gestoppt, 6. wurde … erlaubt

6

1. … Hunde an der Leine führen.
2. Man soll die Tiere nicht füttern.
3. Man soll den Ausweis an der Kasse vorzeigen.
4. Man soll nur weißes Glas einwerfen.
5. Man soll im Treppenhaus nicht spielen.
6. Man soll das Ticket hier entwerten.

7

2. Herr Otte, dessen Kinder im Ausland leben, geht im Juli in Rente.
3. Ruth, deren Humor wir oft nicht verstehen, ist aus Deutschland.
4. Marko, dessen Eltern aus Belgrad kommen, fühlt sich in Wien zu Hause.
5. Die Meiers, deren Sohn in Delhi arbeitet, reisen zum ersten Mal nach Indien.
6. Mein Chef, dessen ganze Familie in Düsseldorf lebt, ist Japaner.
7. Unsere Softwarefirma, deren Zentrale in Indien ist, ist schon seit über zehn Jahren hier.

8

a)
positiv: eine neue Sprache lernen, Unterschiede entdecken, die Persönlichkeit erweitern, dem neuen Land und den neuen Nachbarn gegenüber neugierig bleiben, in der neuen Heimat Freunde finden, Migration kann ein Gewinn für alle sein
negativ: ohne anerkannte Ausbildung mit wenig Geld, Misstrauen, Angst vor dem Unbekannten, Missverständnisse auf beiden Seiten, Vorurteile, Ängste und Probleme

10 Europa – Politik und mehr

1

a)
Brief 1: Geschichte, Sicherheitspolitik, Migration, Sprachen, Kindheit
Brief 2: Reisen, Lebensmittel/Spezialitäten
Brief 3: Geschichte, Reisen, Kulturen, Arbeit

b)
Brief 1: 70 – Brief 2: 25 – Brief 3: 50

c)
Louis: 5, 7
Girts: 3, 6, 8
Günter: 2, 4

2

a)
vertikal: Gesetze, Haushalt, Ministerrat, Außenpolitik
horizontal: Vorsitz, Institution, Parlament, Integration, Rechtssystem, Präsident, Zentralbank, Gerichtshof

b)
1. Ministerrat, 2. Präsident, 3. Gesetze, 4. Parlament, 5. Zentralbank, 6. Institution, 7. Gerichtshof

3

a)
Im Jahr 1957 **bestand** die Europäische Gemeinschaft (EG) **aus** sechs Staaten. Neben Frankreich, Belgien, den Niederlanden, Luxemburg und Italien **gehörte** auch die Bundesrepublik Deutschland **zu** den Gründungsmitgliedern. Heute sind schon 27 Staaten in der EU, und andere Länder wie z. B. die Türkei **bewerben sich** weiterhin **um** die Mitgliedschaft. **In** die EU **investieren** heißt für viele **in** die Zukunft **investieren.** Aber es gibt auch Kritiker, die z. B. sagen, dass die EU zu bürokratisch ist und immer teurer wird. Es gibt auch Probleme mit der Integration. Nicht alle Bürger in den Mitgliedsstaaten **kommen mit** ihren europäischen Mitbürgern gut **aus.** Trotzdem kann man sagen, dass die EU in Europa auch **zu** mehr Frieden und Sicherheit **beigetragen**

hat. Wenn heute ein Staat **gegen** die Gesetze **verstößt**, können sich die Nachbarstaaten **an** den Europäischen Gerichtshof **wenden**, der **auf** die Beschwerden **reagiert**. Er **achtet** auch dar**auf**, dass die Gesetze von allen Mitgliedsstaaten eingehalten werden.

Akkusativ: 1. an, 2. auf, 5. gegen, 6. in, 7. um, 9. auf
Dativ: 4. zu, 8. zu, 10. mit

b)
1. … bestand die EG im Jahr 1957?
2. Worum bewerben sich andere Länder?
3. Womit gibt es auch Probleme?
4. Wozu hat die EU in Europa beigetragen?
5. Worauf achtet der Europäische Gerichtshof?

4

Vorschläge
2. Ich interessiere mich auch sehr für Politik.
3. Ich war in (meiner Heimat) nie Mitglied in einer Partei.
4. Meine Freunde finden es sehr wichtig, über Politik zu sprechen.
5. Für mich sind Frieden und Sicherheit die wichtigsten Ziele der Politik.
6. Wenn ich Politiker(in) wäre, würde ich mehr mit den Bürgern sprechen.

5

2. Du brauchst kein Familienfoto zu machen.
3. Ihr braucht keine Torten zu backen.
4. Peter braucht Susanne und Javier nicht am Bahnhof abzuholen.
5. …, du brauchst das Geschenk nicht einzupacken.
6. Tante Irene braucht keine Glückwunschkarte zu besorgen.

6

a)
2. pünktlich, 3. öffentlich, 4. schwierig, 5. möglich, 6. gemeinsam, 7. zufrieden, 8. sicher, 9. vergangen, 10. krank, 11. frei, 12. gesund

b)
1: Möglichkeit, 2: Sicherheit, 3: Freiheit, 4: Pünktlichkeit, 5: Gemeinsamkeit, 6: Zufriedenheit

7

1. entweder … oder
2. entweder … oder, trotzdem
3. – , trotzdem

Leben in Deutschland 2

1

a)
1e, a – 2c, h – 3f, d – 4c, b – 5c, g

b)
7 – 1 – 2 – 6 – 4 – 8 – 5 – 3

2

a)
oben links beginnend im Uhrzeigersinn: 4 – 2 – 3 – 5

b)
Arzt/Ärztin: 2, 3, 5, 7, 9, 10, 11, 13
Patient/in: 1, 4, 6, 8, 12

3

a)
1c, 2a, 3b

b)
2c, 3a, 4b, 5g, 6e, 7f

c)
der/die Versicherungsnehmer/in und
der/die Geschädigte

d)
Vorschläge
Hergang: Meine Tochter hat in einem Laden eine teure Vase runtergeworfen. / Mein Hund hat beim Spazierengehen eine Frau angesprungen und ihren teuren Mantel schmutzig gemacht.
Meine Tochter hat Fußball gespielt. Dabei ist der Ball in das Schaufenster geflogen.

Umfang: Eine Vase im Wert von 1000 Euro ist kaputt gegangen. / Die Reinigung des Mantels kostet 35 Euro.
Ein Schaufenster. Die Reparatur des Fensters kostet 350 Euro.